개정판

논문 쓰고 졸업하기

인문·사회과학 대학원생을 위한 논문 작성 노하우

개정판

논문 쓰고 졸업하기

인문·사회과학 대학원생을 위한 논문 작성 노하우

2017년 2월 25일 초판 1쇄 발행
2021년 8월 2일 개정판 1쇄 발행

지은이 김도환
펴낸이 윤철호·고하영
책임편집 임현규
편집 한예진
마케팅 최민규

펴낸곳 ㈜사회평론아카데미
등록번호 2013-000247(2013년 8월 23일)
전화 02-326-1545
팩스 02-326-1626
주소 03978 서울특별시 마포구 월드컵북로6길 56(4층)
이메일 academy@sapyoung.com
홈페이지 www.sapyoung.com
ISBN 979-11-6707-015-9 93300

개정판

논문 쓰고 졸업하기

인문·사회과학 대학원생을 위한 논문 작성 노하우

김도환 지음

사회평론아카데미

차례

개정판을 내며 7

들어가며 연구는 연애다 9

1 나는 왜 연구를 하는가 15

왜 대학원 공부를 하는가 15 | 영감을 주는 리더 17 | 최고의 연구방법론은 20

2 하나의 연구가 이루어지기까지 23

현상에서 출발하자 23 | 현상에서 연구 주제로 26

3 아는 것이 힘이다 29

인과관계와 가추법 29 | 핵심 변수를 찾자 32 | 인과관계의 논리적 오류 34
고민의 출발은 결과여야 한다 36

4 현상에 집중하라 39

현상이란 무엇인가 39 | 궁금한 현상은 무엇인가 41
Sample 1 내가 궁금한 현상 43

5 현상을 정리하라 47

현상을 정리하기 47 | **Sample 2** 현상에 깔려 있는 전제들 50

6 내가 궁금한 것은 무엇인가 53

스토리로 만들어 보기 53 | **Sample 3** 현상의 전제에 대한 정리 55
연구 문제를 명확히 하기 58

7 서론에서 독자를 꼬셔야 한다 63

서론을 어떻게 시작할까 63 | **Sample 4** 서론 66

8 이론적 배경을 찾고 정리하기 71

선행 연구 탐색하기 71 | **Sample 5** 주요 논문 요약 75 | 돌아보기 80
Sample 6 이론적 배경 81

9 연구 방법은 어떻게 할까 87

연구 방법 설계하기 87 | 설문지를 만들 때의 주의점 90
Sample 7 연구 방법 92 | 세 가지 당부 96
Sample 8 연구 결과 요약 99

10 연구 결과를 학술 연구에 맞게 정리하기 105

결과 정리에서 주의할 점 105 | 인구통계학적 정보의 의미 110
Sample 9 연구 결과 111

11 다시 읽고 논의 부분을 작성하기 115

출발점을 생각하며 논의 작성하기 115 | **Sample 10** 논의 및 제안 118

12 논문 심사 준비하기 123

논문 심사 준비 123 | 심사 당일 124 | **Sample 11** 최종 보고서 125

나오며 나는 성장했는가 145

보론 1 한국 사회의 인구 변화와 세대 문제 149

보론 2 사회화와 개별화의 시소게임 155

참고문헌 159

저자소개 160

개정판을 내며

2018년부터 현재까지 방송되고 있는 골목식당이라는 프로그램이 있습니다. 전국 골목들을 다니면서 전문가가 동네 식당들에게 조언하면서 조금씩 바뀌나가는 모습을 보여 주는 포맷이지요. 심리학자로서, 변화와 성장이라는 측면에서 흥미롭게 시청하는 프로그램입니다. 이 프로그램을 통해 전국적으로 대박이 난 식당이 있는가 하면, 오히려 시청자들에게 비난을 당하는 곳들도 있습니다. (물론 편집의 문제도 있을 수 있지만) 시청자들을 화나게 하는 식당들의 공통점은 다음과 같습니다. 아래는 수업 중에 학생들이 직접 응답한 내용을 추린 것입니다.

- 전문가의 말을 수용하지 않는다.
- 자기 확신이 강하다.
- 소비자의 선택을 수용하지 않는다.
- 정량화, 표준화가 안 되어 있다.
- 욕심만 많다.
- 다른 사람 얘기를 핀잔으로 듣는다.
- 문제 파악이 안 되어 있다.
- 그냥 남의 레시피를 달라고 한다.
- 지기 싫어서 억지를 부린다.
- 근거 없이 주장만 한다.
- 진심이 아니라 대충 한다.

- 자기를 도와주려고 하는 건데 그 정도 깨질 용기도 없는데 왜 하나 싶다.
- 엄연히 사업인데, 장인정신 타령한다.
- 간혹 그 요리를 본인은 좋아하지 않는다고 말한다.

  그런데 이상 나열된 모든 내용이 여러분이 논문 학기에서 겪을 수도 있는 감정들입니다. 자기 확신만 있고, 근거 없이 주장만 하고, 지도교수나 심사위원들의 코멘트를 수용하지 않고, 혼난다는 생각에 머리가 하얗게 되고, 그냥 정답을 달라고 하고, 엄연히 학술 논문인데도 기본적인 것들을 지키지 않고…. 그런 불상사를 미연에 방지하려면 진지하게 임하며 집중해야 합니다.

  2017년에 초판이 나오고 4년 정도 이 책으로 강의를 하면서, 본문에 설명이 부족했던 부분들을 이번 개정판에 조금 추가했습니다. 개정판에서는 ① 이해를 돕기 위한 삽화들을 중간 중간 배치했습니다. 바쁘신 와중에도 통찰력 있는 그림들을 그려주신 한국청소년정책연구원의 장근영 박사님께 감사드립니다. ② 필요하긴 한데 본문의 흐름과 다소 차이가 있는 몇 가지 내용을 보론으로 추가했습니다. ③ 초판에서 각 장 마지막에 좋은 샘플을 예시했는데, 개정판에서는 가장 많이 반복적으로 하는 실수들(또는 잊지 말아야 할 점들)도 제시해 보았습니다. 모쪼록 반면교사가 되었으면 좋겠습니다.

2021년 6월

이 책은 심리학을 비롯해 교육학, 아동학, 사회복지학, 노년학, 가족학 등 인문사회과학 분야 대학원 석사과정의 논문 학기 대학원생을 위한 것입니다. 기본적인 설명은 심리학에 준하여 하겠지만, 다른 분야 역시 상황이 크게 다르지는 않을 것입니다. 사람을 연구 대상으로 하는 학문이기 때문입니다.

이 책에서 이야기하는 내용의 골격은 2011년부터 현재까지 서울여자대학교 특수치료전문대학원의 〈연구방법론〉 수업과 2009년부터 2013년까지 중앙대학교 심리학과 대학원의 박사과정 과목 〈고급연구방법론〉 수업에서 진행된 내용들을 정리한 것입니다. 물론 2000년부터 담당했던 각종 통계 및 방법론 강의들과, 석사·박사과정을 거치면서 경험했던 각종 프로젝트 및 논문 통계분석 컨설팅도 큰 도움이 되었습니다. 그동안의 경험을 기반으로, 논문을 처음 써야 하는 대학원생들에게 실질적인 도움이 되는 가이드북을 쓰는 것이 이 책의 목적입니다. 또한 통계학 책들은 많아도 막상 내가 필요한 통계 분석을 찾아보려고 하면 난감하듯이, 연구방법론 책들 역시 이미 많이 출판되어 있지만 너무 엄숙하고 공식적인 내용들이 많기에, 조금만 더 현실적인 입장에서 설명하고 활자화된

텍스트 이면에 있는 암묵지(暗默知)를 조금 더 드러내 보고자 하는 것이 이 책의 존재 이유입니다.

이런 류의 논의는 1990년대만 하더라도 대학원의 선후배 세미나에서 혹은 지도교수님과의 연구 미팅에서 다루어지던 내용들입니다. 하지만 어느 순간부터 그러한 작업을 비공식적으로 진행하기에는 심리학을 전공하는 대학원생의 숫자가 너무 많아져서, 대학원생 스스로 알아서 해야 하는 분위기로 바뀐 듯합니다. 따라서 이 책에서는 가능한 논문을 앞두고 있는 대학원생들의 현실적인 필요성을 염두에 두고자 합니다.

물론 이 책에서 이야기하는 내용이 정답은 아닙니다. 본인이 속한 연구실의 주요 연구 주제나 연구 분위기가 존재할 것이기에, 이 책의 논의는 일반론에 가까운 것이라 생각하시면 됩니다. 따라서 "아, 연구를 이런 식으로 진행할 수도 있겠구나" 정도의 느낌으로 봐 주시면 됩니다.

또한 당연한 말이지만, 이 책만으로 본인의 논문을 완성할 수 있으리라 기대하시면 안 됩니다. 본인의 연구는 본인의 머리로 본인의 이야기로 풀어 나가는 경기입니다. 하지만 몇 가지 실마리는 발견할 수 있을 것입니다. 왜냐하면 논문 학기 대학원생들의 고민이나 질문의 70~80%는 일정한 패턴이 있기 때문입니다. 마치 피아제(Piaget) 식으로 말하자면, 일곱 살 때에는 다 이해할 수 있는데 여섯 살 때는 도통 모르는 수준이 있는 것 같습니다. 물론 그 핵심적인 차이는 논문을 써 보았는지 여부입니다.

그런데 대학원생들이 만나게 되는 선배나 지도교수님은 모두 이미 논문을 써 본 사람들이기에, 그 당시 생각을 떠올려서 그 눈높이에서 설명하기가 쉽지 않은 것 같습니다. 저 역시 10년 가까이 절박한 논문 학기 대학원생들과 머리를 맞대고 고민했기 때문에 이나마 정리할 수 있었던 것입니다.

다시 돌아와서, 결국 핵심 질문은 "좋은 연구는 무엇인가?"입니다. 더 정확하게는 "좋은 연구는 어떻게 하는 것인가?"입니다. 제목에 써 있는 것처럼, 연구는 연애와 비슷합니다. 작정하고 시작하기도 하고, 우연히 시작하기도 하고, 쉽고 좋아 보이다가, 어떤 날은 다 때려치우고 싶기도 하고, 끙끙대다 보면 또 시간이 훌쩍 지나가 있고, 밀당도 필요합니다. 그런데 연애의 가장 큰 미덕은 상대방이 아니라 나 자신에 대해서 많이 알게 되는 데 있습니다. 나도 별수 없구나, 쫀쫀하기 그지없는 인간이구나, 못 참는구나, 불안하구나, 내 맘 같지 않구나, …. 그래서 연구는 딱 연구자의 인식 수준이 반영됩니다.

자세한 이야기는 분문에서 하기로 하고, 경험상 노하우를 하나 말씀 드리려고 합니다. 졸업을 위해 학위논문을 써야 하는 상황에서 가장 좋은 방법은 (논문 학기가 시작되기 전 방학에) 본인이 속한 연구실에서 최근 3년간 졸업한 선배들의 학위논문을 읽어 보는 것입니다. 많이도 필요 없고 4~5개만 읽어 보면, 우리 연구실에서 주로 관심이 있는 연구 주제는 무엇이고, 많이 사용하는 방법론은 대략 무엇인지 감이 잡힐 것입니다. 그리고 나서, 그것보다 120% 정도만 잘 쓰려고 노력하다 보면 딱 그 수준의 논문이 나올 것입니다. 선배들 논문을 보고, 이 정도면 되겠구나 하고 덤비면, 그 선배의 논문보다 나은 논문이 되지 않을 가능성이 높습니다. 언제나 남의 것은 쉬워 보입니다. 그렇기에 120% 정도를 목표로 하면, 딱 그 수준의 논문이 나올 것입니다.

끝으로 이 책이 나오기까지 감사해야 하는 사람들. 지난 몇십 년 동안 저에게 학문과 심리학에 대해서, 연구방법론에 대해서 가르침과 통찰을 주신 분들이 너무 많습니다. 이 책에 쓰여 있는 어떤 이야기들은 과연 어디까지가 내 생각인지 헷갈리기도 합니다. 혹시 본인의 생각을 제가 출처 인용 없이 사용한 것이 발견되면, 지체 없이 알려 주시기 바랍니다. (혹시 개정판이 나온다면) 반드시 출처를 밝히도록 하겠습니다.

구체적으로 감사한 분의 이름을 적다 보면, 반드시 적어야 하는데 빠뜨리게 되는 경우가 있습니다. 그래서 아예 적지 않고자 합니다. 제 마음 속에서 잊지 않고 있다는 변명으로 대신하고자 합니다. 그러나 요즘같이 어려운 출판 시장 상황에서 '의미'를 보고 흔쾌히 출판을 결정해 주신 사회평론아카데미 김천희 대표님과 이 책의 완성도를 높이기 위해 꼼꼼하게 신경 써 준 임현규 선생에게는 고마운 마음을 전하고자 합니다. 그리고 마지막 한 명, 건강하고 밝게 크고 있는 아들에게는 감사하다 말하고 싶습니다. 나중에 커서 아들이 이 책을 읽고 이해할 수 있으면 좋겠습니다.

2017년 1월

PS: 이 책은 일반적인 교재라기보다는 워크북 형식에 가깝기 때문에, 중간중간에 독자들이 본문을 읽으면서 빈칸을 채우거나 따로 하실 일들이 있습니다. 그럴 때 귀찮겠지만, 꼭 해 보기를 부탁드립니다. 그러한 단상(斷想)들이 쌓여서 결국은 좋은 논문의 토양이 됩니다. 첫 번째 질문이 다음에 있습니다. 당신은 어떤 이유에서든 아무튼 이 책을 읽기 시작했습니다. 당신이 이 책을 다 읽고 났을 때 스스로 기대하는 바는 무엇인가요? (정답 같은 것을 찾지 마시고, 그냥 솔직하게 딱 떠오르는 바를 쓰시는 것이 가장 효과적입니다.)

......

★ **질문 1** 이 책을 다 읽고 났을 때, 내가 기대하는 것은 무엇인가?

......

1 | 나는 왜 연구를
하는가

왜 대학원 공부를 하는가

이 책의 형식에 대해 덧붙이자면, 각 장이 대학원 한 학기 수업의 한 주 주제라고 생각하시면 됩니다. 또한 대부분의 독자들이 학위 논문의 방법론, 노하우를 궁금하게 생각하면서 이 책을 읽고 있을 텐데, 연구와 직접 관련 없어 보이는 잔소리(?)가 꽤 많습니다. 혹시 당장 논문을 쓰고 있는 상황에서 곧장 실전에 사용 가능한 방법론의 비법 같은 것을 기대하고 계신다면, 지금 책을 덮고, 친하고 믿을 만한 선배 대학원생에게 달려가시는 편이 훨씬 더 효과적일 것입니다.

가장 먼저 함께 고민하고 싶은 주제는, 나는 왜 대학원 공부를 하고 있는지, 왜 연구를 하려고 하는지에 대한 것입니다. 뜬금없게 들릴 수 있습니다. 하지만 이 부분이 분명하면 할수록 연구 진행의 마지막까지 본인의 에너지 수준을 유지할 수 있습니다. 물론 석사 학위논문은 보통 3~4달 정도의 게임이기에, '왜'가 명확하지 않아도 그럭저럭 마칠 수 있습니다. 하지만 박사 과정의 경우 논문은 최소 6개월 이상 최대 2~3년이 걸리는 경기이기에, 스스로 "왜?"라는 질문에 답할 수 없으면 계속 가기가 참 쉽지 않습니다.

★ **질문 2** 나는 왜 대학원 공부를 하는가?

영감을 주는 리더

앞 칸을 채웠으면, 잠깐 책 읽기를 멈추고, 인터넷에 접속하시기 바랍니다. 최근 몇 년 동안 강연 형식의 지식 공유의 전형이 되었던 TED입니다. TED에 접속하셔서 사이먼 사이넥(Simon Sinek)이라는 사람의 강연을 들어 보시기 바랍니다. 제목은 「영감을 주는 리더(How Great Leaders Inspire Action)」(2009)입니다. 인터넷 포털 사이트에서 검색해도 엄청나게 나올 것입니다. TED에 있는 수많은 동영상 중에서도 몇 손가락 안에 꼽히는 좋은 영상입니다.[1]

....

★ 사이먼 사이넥의 「영감을 주는 리더(How Great Leaders Inspire Action)」,
  TED 동영상 메모

---

1 이럴 때 동영상은 안 보고 넘어가는 분들이 계십니다. 나는 결론만 알면 된다든지, 머릿속에서 대충 무슨 말 할지 알겠다든지 등등. 제발 꼭 보시기 바랍니다. 한 번 봐서 잘 이해가 안 될 수도 있습니다. 그럼 2번, 3번 반복해서 보는 것이 중요합니다. 떠올려 보면 중고등학교 때 공부 잘하는 학생들은 국어 시간에 국어 공부하고, 수학 시간에 수학 공부하는 학생들입니다. 꼭 국어 시간에 혼자 수학 공부하고, 수학 시간에는 영어 공부하는 친구들이 있습니다. 그렇게 하면 본인 스스로는 뭔가 뿌듯할지 모르겠지만, 성적은 안 좋습니다. 할 때 하는 것이 가장 빠른 지름길입니다.

앞의 질문 2에서 "석사학위"라고 쓰신 분들도 꽤 있을 것입니다. 사이먼 사이넥 식으로 말한다면, 학위는 결과입니다. 당신의 Why는 무엇입니까? 고상하고 멋진 말이 필요하지 않습니다. 나는 왜 이 비싼 돈을 내면서, 여기에서 이렇듯 고생하며 대학원 공부를 하고 있는가? 뭘 위해서?

동영상 내용을 간단히 정리해 보면, What은 '우리가 무슨 일을 하는지 아는 것'이고, How는 '우리가 그 일을 어떻게 하는지 아는 것'입니다. 끝으로 Why는 '우리가 이 일을 왜 하는지 아는 것'인데, Why는 당신의 신념, 목적, 존재 이유를 분명히 하는 것입니다.

일반적으로 우리가 생각하고, 행동하고, 소통하는 방식은 What → How → Why 순서의 Outside-in 방식입니다. 가장 명백한 것에서 시작해 가장 까다로운 것으로 향해가는 것이지요. 그러나 영감을 주는 개인/조직은 예외 없이 Why → How → What의 순서로 Inside-out 방식을 사용한다는 것입니다.

물론 Outside-in 방식이 나쁘다는 것은 아닙니다. 우리는 알게 모르게 그 방식에 익숙해져 있습니다. 하지만 의미 있는 변화를 만들기 위해서는 Why를 분명히 해야 한다는 것입니다. 그런데 Why를 생각하는 것이 쉽지는 않습니다. 계속 고민해야 하니까요. 진정 원하는 것이 무엇인지에 대해서 말입니다. 그러나 힘들지만 Why를 명확히 할 수만 있다면, 그 이후는 훨씬 쉽습니다. 왜? 고민할 필요가 없으니까요.

그리고 당신의 Why는 당신이 연구 주제를 선정하는 과정에도 반영될 가능성이 높습니다. 이제 본인의 Why에 대해 어느 정도 고민하셨다면, 그것을 이루기 위해서 당신은 얼마나 고생하

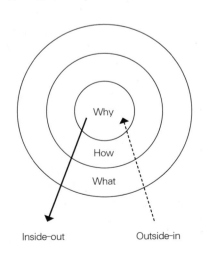

실 의향이 있으신가요? 절박하고 절실한가요? 잠깐만 또 질문을 드리겠습니다. 지금까지 살면서, 본인 인생에서 가장 절박했던 순간이나 장면을 떠올려 봐 주시기 바랍니다. 그때 당신이 보였던 행동이나 생각은 무엇이었는지요?

★ **질문 3** 인생에서 절박했던 순간 내가 보였던 행동이나 특징은 무엇이었나?

사람들에게 물어보면, 그 절박했던 순간이나 장면은 다 다르겠지만, 보이는 행동들은 몇 가지 유사성이 있습니다.

밤새워 고민한다, 다른 사람에게 물어본다, 일단 부딪쳐 본다, 될 때까지 해 본다, 대안을 계속 생각한다, 심지어 새벽기도를 간다는 말도 있습니다. 저에게 가장 인상적인 대답은 "자존심을 버린다"였습니다.

혹시 현재 본인의 Why를 위하여, 논문을 쓰기 위하여, 그 정도의 절실함이 있으신지요? 나는 별로 바뀔 의향이 없으면서, 되면 좋고, 아님 말고 수준으로 생각하고 계신다면, 아마도 본인이 기대

하고 있는 변화는 실현되지 않을 가능성이 높습니다. 기를 쓰고 해도 될까 말까인데 말입니다.

최고의 연구방법론은

1장에서 마지막으로 꼭 드릴 말씀은 "최고의 연구방법론은 지도교수님의 연구방법론"이라는 것입니다. 만일 이 책에서 이야기하는 것과 지도교수님의 코멘트가 다를 경우에는, 무조건 지도교수님의 말씀을 따르기 바랍니다.

논문을 쓰다 보면 지도교수님에 대해 속상한 마음이 들게 마련입니다. 심지어 지도교수님이 하라는 대로 수정을 했는데, 막판이되면 맨 처음 본인이 가지고 갔던 논문 연구계획서 대로 다시 하라고 한다는 이야기도 많이 듣습니다. 그 둘의 차이를 아직까지 본인이 못 느끼는 것이지요.

지도교수님은 해당 주제와 분야에 대해서 나보다는 100배는 더 많이 고민하고 연구해서 그 자리에 계시는 분입니다. 따라서 지도교수님의 의견을 따르는 것이 훨씬 효과적입니다. 실제로 사람 사이의 배움과 성장이란 먼저 믿어야 가능합니다. 그러한 신뢰가 있어야만 상호주관성(inter-subjectivity)이 발생하고, 그것이 학습과 발달로 이끕니다. 지도교수님과 싸우거나 이기려고 하지 마시기 바랍니다. 자신을 위해서라도.

그리고 지도교수는 슈퍼맨이 아닙니다. 간혹 지도교수님을 완벽한 인격체로 기대하는 학생들을 볼 때가 있습니다. 물론 그런 분을 만나서 공부한다면 정말 행운이겠지만, 세상에는 그런 분보다는 '보통 사람'이 훨씬 많습니다. 지도교수는 나보다 먼저 태어나서[先生] 먼저 공부한 사람입니다. 나는 그분에게서 연구를 배우려고 온 것이지, 인격 수양과 도(道)를 닦으려고 대학원에 온 것이 아닙니다.

물론 지도교수가 상식을 벗어나는 모습(예를 들어, 비인격적 행동, 연구 업적에 대한 비상식적 처리 등)을 보인다면, 그것도 한 번이 아니라 여러 번에 걸쳐서 그런다면, 빨리 그곳을 떠나시기 바랍니다. 인생에서 좋은 사람을 만나면서 살기에도 시간이 부족한데, 그런 말도 안 되는 상황 속에서 허우적거릴 이유가 없습니다. 나는 나일 뿐, 약자가 아닙니다. 스스로를 약자라고 규정하기 시작하면, 변명이 많아지고 인생이 꼬이기 시작합니다.

일반적인 상황이라면, 지도교수를 믿고 가능한 빨리 졸업을 하시는 것이 가장 좋습니다. 간혹 더 좋은 논문을 쓰겠다면서 갑자기 논문 주제를 바꾸고 학기를 미루는 경우를 볼 때가 있습니다. 아이러니는 그렇게 학기를 미루고서 더 나은 논문을 쓰는 경우를 거의 본 적이 없다는 것입니다. 제가 볼 때 학위는 운전면허증과 비슷합니다. 운전면허 시험에서 만점을 받았다고 운전을 더 잘하는 것은 아닙니다. 면허를 따고 나서 그 이후의 운전이 더 중요합니다. 대학원은 최대한 빨리 졸업하는 것이 미덕(美德)입니다.

2 | 하나의 연구가 이루어지기까지

현상에서 출발하자

하나의 연구가 이루어지는 전체 과정은 아래 그림과 같습니다.

모든 연구는 현상(現象, phenomenon)에서 출발합니다. 궁금한

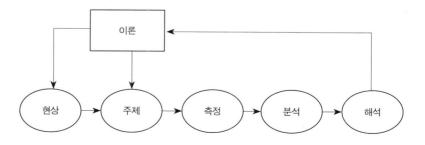

현상을 선택하고, 그 현상을 연구 주제로 전환시킵니다. 그 주제에 가장 걸맞은 측정 방식을 선정하여 자료를 수집합니다. 수집한 자료를 분석하고, 그 결과를 해석하는 과정이 연구입니다. 그러나 연구는 한 번에 그치는 것이 아니기에, 다시 해석은 현상으로 돌아갑니다. 이 연구를 수행하기 이전과 비교해서 현상에 대해 또다른 이해와 통찰을 얻었는지 자문하고, 그러한 과정이 쌓이면서 이론이 구축되는 것입니다. 그렇게 만들어진 기존 이론 체계는 내가 현상에서 주제를 선정하는 과정에서 도움을 줄 수도 있습니다.

실제로 학술 논문의 형식은 아래 흐름과 연결되어 있습니다. 현상이 논문의 〈서론〉이고, 이론이 〈이론적 배경〉, 주제와 측정이 〈연구 방법〉, 분석이 〈연구 결과〉, 해석이 〈논의 및 제안〉입니다.

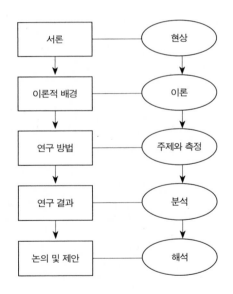

그런데 안타깝게도 상당수의 연구들이 이러한 궤적을 따르지 않기도 합니다.

어떤 연구들은 현상에서 출발하지 않고, 이론에서 출발합니다.

대학원 수업 중에서 보았던 외국 논문이지요. 그리고 그 논문에서 수행되었던 연구 설계와 방법론을 그대로 한국 상황으로 가지고 옵니다. 따라서 측정은 고민할 문제가 없겠지요. 단지 척도를 번역하는 것이 문제가 될 뿐. 그리고 자료를 통계 분석합니다.

이럴 경우에 해석은 그다지 차별점이 없습니다. 애초의 논문과 비슷한 결과가 나왔다면 "본 연구의 결과는 보편성을 가진다"고 하고, 만일 다른 결과가 나온다면 "한국 사회의 특수성이 있다"고 쓰곤 합니다. 왜냐하면 현상에서 출발하지 않았기에, 되돌아갈 곳이 결국은 그 논문밖에 없습니다. 대신 이러한 궤적을 밟은 논문의 경우 최종 귀결은 (현상이 아니라) 학교 도서관이 됩니다.

물론 도서관으로 납품되는 궤적이 틀렸다는 말은 전혀 아닙니다. 그럴 수도 있습니다. 때로는 그것이 더 중요할 수도 있습니다. 하지만 본인이 어디에 서서 연구를 진행하고 있는지를 본인만큼은 제대로 알고 있어야 한다는 뜻입니다.

또한 석사논문의 경우 그런 경우가 더 많이 있습니다. 왜냐하면 석사논문은 학문 세계로 들어선 첫 단계로서, 받아쓰기(dictation) 과정이기 때문입니다. 하지만 박사논문의 경우 도서관으로 직행하는 연구를 수행하다 보면 반드시 탈이 납니다. 중간에 연구자가 방향을 잃고 주제를 다시 정하려고 하거나(다시 정해도 사실상 차이는 별로 없습니다) 휴학을 합니다. 왜? 자신의 Why를 모르니까.

따라서 의미 있는 연구를 진행하는 과정의 출발점은 현상입니다. 현상이 무엇인지에 대해서는 다음 장에서 보다 자세히 다루기로 하겠습니다.

현상에서 연구 주제로

필요한 것은 우리를 둘러싸고 있는 수많은 현상들에서 시작하는 것입니다. 따라서 연구자에게 가장 중요한 것은 현상에 대한 호기심을 가지는 것입니다. 더군다나 우리나라는 전 세계 어느 곳과도 비교할 수 없을 정도로 엄청난 변화와 모순이 존재하기에 연구 거리는 무궁무진합니다.[2]

그리고 그 현상을 연구 주제로 전환시켜야 하는데, 그것은 뒤의 5~6장에서 본격적으로 다루기로 하고, 여기에서는 한 가지만 언급하기로 하겠습니다. 행복이란 무엇인가, 좋은 삶이란 무엇인가, 적응이란 무엇인가 등의 "~은 무엇인가"의 연구 주제는 심리학의 영역이 아닙니다. 그런 질문은 철학이나 미학(美學)의 영역이

---

2 선진국들이 몇백 년에 걸쳐 성취한 경제적 성장, 정치적 민주화, 사회적 노령화 과정을 불과 몇십 년 만에 끝냈기에, 한국 사회는 다른 사회에서는 몇 세대에 걸쳐 나타나는 변화들이 공존하고 있습니다. 예를 들어, 한국 사회의 세대별 가치관의 차이는 전 세계에서 가장 극심한 것으로 보고(Inglehart & Abramson, 1994)되고 있습니다.

지 심리학의 접근 방법이 아닙니다. 동일한 질문에 대해서 심리학은 "행복이라는 구인(construct)은 어떻게 구성되어 있는가, 행복은 다른 것과 어떻게 연결되어 있는가, 행복 수준의 차이는 다른 것과 어떤 인과관계를 가지는가, 행복한 사람들이 보이는 특징이 무엇인가"와 같은 주제들을 연구합니다.

측정 역시 가장 대표적인 것이 설문(survey)과 실험(experiment)이지만, 인터뷰, 문헌 조사, 참여 관찰, 시뮬레이션 역시 모두 측정입니다. 어떤 측정이 최선인지에 대해서도 정답이 없습니다. 자신의 연구 주제를 가장 잘 반영할 수 있는 측정 방식을 선정하면 됩니다.

분석은 양적 분석과 질적 분석이 대표적인데, 앞서 실험과 설문은 양적 분석이고, 나머지 측정은 질적 분석이라는 구분은 너무 도식적입니다. 실험을 하면서도 얼마든지 질적 분석을 할 수 있고, 비디오 코딩을 한 결과를 가지고도 양적 분석을 할 수 있습니다. 편의상 이 책에서는 '설문과 실험을 기반으로 하는 양적 연구'에 초점을 맞추어 설명하도록 하겠습니다.

끝으로 질적 연구에 대해서 쉽게 생각하지 마시기 바랍니다. 제대로 된 질적 연구는 양적 연구보다 몇 배 더 힘이 듭니다. 간혹 양적 방법론, 좁게는 통계가 약하기 때문에 질적 연구를 하려는 분들이 있는데 어불성설입니다. 어설픈 질적 분석은 학술 연구가 아닌 에세이에 그치게 됩니다. (반면 어설픈 양적 분석은 본인이 아니라 SPSS 통계 패키지가 저자가 될 수도 있습니다.)

3 | 아는 것이
힘이다

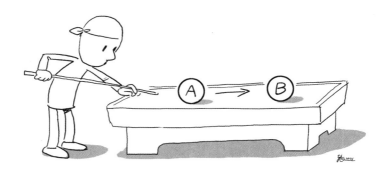

인과관계와 가추법

"아는 것이 힘이다"라는 프랜시스 베이컨(Francis Bacon)의 명제를 들어본 적이 있을 것입니다. 이 명제가 지난 이백 년 동안 이 세상을 바꾸었다고 해도 과언이 아닙니다. 그런데 이 명제의 목적어가 무엇일까요? 무엇을 아는 것이 힘일까요?

인과관계를 아는 것이 힘입니다. 그렇다면 인과관계를 알면 왜 힘일까요? 인과관계를 알면 무엇이 좋을까요? A라는 원인이 있으면 B라는 결과가 발생한다는 사실을 알고 나면, 예측(prediction)할 수 있습니다. 또한 그 다음에는 통제(control)할 수 있습니다.

과학적 연구, 심리학 연구가 지향하는 것 역시 핵심은 심리 현상에 대한 인과관계를 파악하는 것입니다. 가장 그럴싸한, 근사한 원인을 찾는 작업입니다. 완벽한 원인이 아닙니다. 아직까지 인간을 대상으로 완벽한 원인을 찾을 수는 없습니다. 어찌 보면 그것은 신(神)의 영역일 수도 있습니다.

원인을 찾아서 잠정적인 가설을 만드는 작업과 관련해서 가추법(abduction)[3]이라는 추론법이 있습니다. 추론에는 연역법, 귀납법, 가추법의 3가지 형태가 있는데, 연역법과 귀납법은 다음과 같습니다.

연역법:	비가 오면 땅이 젖는다	(법칙)
	비가 왔다	(사례)
	땅이 젖을 것이다	(결과)

귀납법:	비가 온다	(사례)
	땅이 젖는다	(결과)
	비가 오면 땅이 젖는다	(법칙)

연역법의 결론은 필연적이며, 비과오적입니다. 왜냐하면 결론이 이미 대전제(비가 오면 땅이 젖는다) 속에 포함되어 있기 때문입니다. 이에 반해 귀납법의 결론은 대략적이며, (실험에 기초한) 반복적인 검증을 필요로 합니다.

그런데 가추법은 순서가 조금 바뀝니다. 가추법의 출발은 "땅이 젖었다"는 현상(결과)입니다. 그 결과에 대해서 '왜 땅이 젖었을지'

---

3   가추법에 대한 자세한 설명은 Eco와 Sebeok이 쓴 *The Sign of Three: Dupin, Holmes, Peirce*(1983)의 번역서 『논리와 추리의 기호학』(김주환·한은경 역, 1994)을 참고하시기 바랍니다.

생각하면서, "비가 오면 땅이 젖는다"는 가설을 생각해 내는 것입니다. 그리고 "그렇다면 비가 왔었나 보다"라고 추론하는 것입니다.

가추법:　　　땅이 젖었다　　　　　　　(결과)

　　　　　　비가 오면 땅이 젖는다　　(잠정적 법칙)

　　　　　　비가 왔나 보다　　　　　(사례)

　　실제로는 비가 와서 땅이 젖은 것이 아니라, 누군가 스프링클러를 뿌렸을 수도 있습니다. 하지만 더 나은 원인이 증명되기 전까지 잠정적으로 가설을 생성해서 적용하는 것입니다. 연역법에서 가추법으로 갈수록 확실성은 줄어들지만, 추론이 가져오는 풍요로움(uberty)은 증대됩니다. 왜냐하면 연역법은 전제 안에 들어 있는 결론을 확인하는 '공허한' 추론인 데 비해, 가추법은 현실에서 새로운 지식을 얻어 내는 '과학자나 탐정'의 추론방식이기 때문입니다(김주환·한은경, 1994).

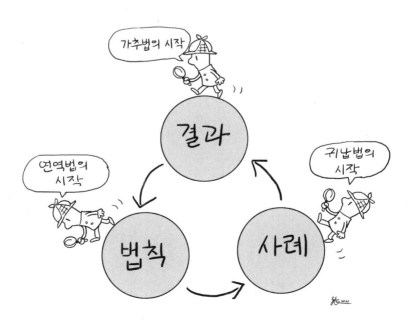

사실상 과학자가 관찰을 통해 새로운 사실을 발견해 내는 것, 의사가 증상을 보고 병을 진단해 내는 것, 점쟁이가 관상을 보는 것, 고생물학자가 뼈 몇 조각으로 공룡의 모습을 재현해 내는 것, 고고학자가 유물을 통해 과거의 생활상에 대해 이야기하는 것, 기상청이 내일의 날씨에 대해 이야기하는 것 등(김주환·한은경, 1994)의 모든 작업에는 이러한 추리 과정이 작동하고 있습니다. 결국 이러한 가추법적 사고가 연구방법론의 출발점인 것입니다. 따라서 연구자가 원인을 계속 생각해 보고 적용해 보는 것을 두려워 하면 안 됩니다.

핵심 변수를 찾자

연구자가 원인을 찾는 과정에서 유념해야 하는 2가지가 있습니다.

첫 번째는 '핵심 변수'를 찾는 것입니다. 예전에 모 예능 프로그램에서 서울대를 졸업한 가수에게 진행자가 "어떻게 음악도 이렇게 잘하면서 공부도 잘했는지" 비결을 물은 적이 있었습니다. 그 질문에 가수가 "어머니께서 학창 시절에 한 번도 공부하라는 이야기를 안 하셨다. 하지만 초등학교 때부터 언제나 강조하신 것이 있었는데, 학교에 가서 교실에서 반드시 선생님의 눈을 쳐다보라고 하셨다"고 대답했습니다. 심리학 전공자로서 참 인상 깊은 장면이었는데, 왜냐하면 거의 대부분의 부모는 자식들이 학교에서 공부를 잘하기를 원하면서, 아이들에게 끊임없이 '공부하라'는 잔소리를 합니다. 하지만 '공부하라'는 말을 아무리 많이 듣는다고 해도, 공부 시간이 길어지는 것은 별개일 경우가 많습니다. 그런데 '선생님의 눈을 쳐다보는 것'은 아이 입장에서 별로 잔소리로 받아들여지지 않습니다. 그러나 교실에서 선생님의 눈을 주시하는 학생들은 공부를 잘할 가능성이 높아집니다. 선생님의 감정과 공명(共鳴)하게 되고, 무엇이 중요한지 훨씬 잘 배울 수 있습니다. 즉, '선생님의 눈을 쳐다보는 것'이 '공부를 잘하는 것'의 핵심 변수인 것입니다. 공부를 잘하게 하기 위한 원인으로, 좋은 학교, 사교육, 부모의 지원, 참고서, 또래 집단 등 많은 원인들이 있겠지만, 그중에서도 핵심을 찾으려고 고민해 보는 것이 중요합니다.

어느 소가 **핵심 변수**인가요?

....

하나 더 예를 든다면, 일반적으로 자동차 시장이 커지면 세단형에서 스포츠 유틸리티 차량(SUV)으로 바뀌는 경향이 있습니다. 만일 당신이 어떤 자동차 회사의 SUV 마케팅 책임자라고 한다면, 어떤 잠재 고객에게 판촉 활동을 하시겠습니까? 예를 들어, 1000명의 일반 고객에게 100원짜리 마케팅을 하는 것보다, 100명의 유망 고객에게 1000원짜리 마케팅을 할 수 있다면 성공을 거둘 확률이 높아질 것입니다. 과연 어떤 특성을 가진 사람들이 SUV를 구입할 가능성이 높을까요? 연봉이 어느 정도인지, 직업이 무엇인지, 평소 여행이나 캠핑을 얼마나 자주 가는지 등 여러 변수들이 영향을 줄 수 있을 텐데, 문제는 그런 변수들을 사전에 알기가 쉽지 않다는 것입니다. 질문했을 때 큰 부담 없이 답할 수 있으면서도 SUV 구입 확률에 영향을 줄 수 있는 변수가 무엇일까요? 가장 대표적인 항목은 '자녀 수'입니다. 자녀가 2명 이상인 사람들은 그렇지 않은 조건에 비해서 SUV 구입 확률이 훨씬 높아진다고 합니다.

인과관계의 논리적 오류

원인을 찾는 과정에서 유념해야 하는 두 번째 이슈는 인과관계의 논리적 오류 문제입니다. 이는 특히 회고적(retrospective) 연구를 진행할 때 더욱 그렇습니다. 시간의 흐름에 따라 종단적으로 진행하는 연구(예를 들어, 패널 연구 등)와 달리, 회고적 연구는 현재 시점의 결과에 대해서 과거의 원인을 거꾸로 추적하는 것입니다.

예를 들어, (현재 시점에서) 성공한 사람들에게 성공의 원인을 묻거나 조사하다 보면, "젊은 시절 고생" 때문에 많은 것을 배우고 현재 성공할 수 있었다는 이야기(1번 화살표)를 쉽게 접할 수 있습니다. 이 말이 틀렸다는 것이 아닙니다. 하지만 이 명제가 완전히 타당하려면, 젊어서 고생했는데 성공하지 못했거나(2번 화살표), 고생하지 않았지만 성공하는 경우(3번 화살표)가 존

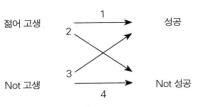

재하면 안 됩니다. 만일 2번과 3번 화살표가 존재한다면, "젊어 고생해서 지금 성공"이라는 명제는 여러 가지 가능성 중에서 하나일 뿐입니다. 그리고 거의 대부분의 사람들은 그렇게까지 고생도 안 하고, 그렇게 성공도 못 합니다(4번 화살표).

그런데 우리는 이러한 논리적 함정에 자주 빠집니다. 예를 들어, 다음의 도식에서 B 자리에 '희대의 범죄'를 집어넣어 보면, 대뜸 A 칸에 '어릴 적 불우한 가정환경이나 성장과정'이 떠오르지 않나요? 회고적 연구가 아니라도 비슷한 오류를 대중 매체에서 많이

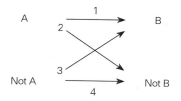

접할 수 있는데, 폭력 사건(B)을 저지른 청소년을 보고, 공격적인 온라인 게임(A)을 자주 해서 모방 범죄를 저질렀다는 것입니다. 물론 그럴 수 있습니다. 하지만 그 명제가 좀 더 타당하기 위해서는, 온라인 게임을 많이 한 청소년임에도 아무런 비행을 저지르지 않거나(2번 화살표), 온라인 게임을 안 했는데도 폭력을 저지르는 경우(3번 화살표)를 동시에 확인해 보아야 합니다.

그러지 않을 경우에는, 언뜻 보면 그럴싸해 보이지만 실제로는 하나의 가능성에 불과한 인과관계를 마치 전부인 양 착각하게 되는 오류를 범할 수 있습니다.

인과관계와 관련해서 이런 역사적 사례도 있습니다. 2차 세계대전 중에 임무 수행을 마치고 귀환하는 미군 폭격기들은 적군의 공격으로 비행기 기체에 총알구멍이 많이 나 있었는데, 주로 총알을 많이 맞은 부분이 어디인지 조사해서 그 부분들에 방탄판을 부착하려고 했답니다. 조사 결과 다행히도 엔진 부분에는 구멍이 없었고, 날개 등 동체 부분에 총알구멍이 집중되어 있었습니다. 혹시 이쯤에서 눈치를 채셨는지? 사실은 엔진 부분에 구멍이 없었던 것이 아니라, 엔진 부분에 총알을 맞은 비행기는 격추되어 돌아오지 못한 것이었습니다.

너무 극적인 사례라고 생각할지 모르겠지만, 이런 오류는 우리들 연구에서도 심심찮게 발견됩니다. 예를 들면 불안 수준이 높은 사람들이 자동차 운전 사고를 더 많이 내는지 조사한다고 할 때, 이 역시 비슷한 딜레마에 빠질 수 있습니다. 왜? 정말 불안 수준이 높은 사람은 자동차 운전 자체를 안 할 수도 있기 때문입니다.

고민의 출발은 결과여야 한다

현상의 원인을 찾는 것이 우리 연구의 목적이라고 설명하였는데, 여기에서 흥미로운 아이러니가 생깁니다. 원인을 찾기 위해서는 고민의 출발은 '결과'이어야 한다는 것입니다. 대학원생들에게 궁금한 연구 주제를 물어 보면 원인 변수를 이야기할 때가 있습니다.

"저는 회복탄력성에 관심이 있습니다."

"저는 자기존중감이 어떤 영향을 주는지 알고 싶습니다." 등

개인의 회복탄력성 수준 혹은 자기존중감 수준은 개인의 여러 가지 심리사회적 변수에 영향을 줄까요, 주지 않을까요? 당연히 줄 것입니다. 하지만 우리가 궁금한 것은, 왜 사람들 사이에 차이가 발생하는지, 그 차이를 설명할 수 있는 가장 그럴싸한 원인이 무엇인지를 탐구하는 것입니다.

따라서 '궁금한 결과'가 먼저입니다. 결국 본인이 궁금한 결과를 먼저 정하고, 그 결과에 영향을 줄 수 있다고 예상되는 원인들을 정리해 보는 것이 중요합니다.

모두가 쉽게 생각할 수 있는 예에서 시작해 봅시다. 어떤 연구자의 궁금증이 "성공적인 대학원 졸업"이라고 합시다. 이는 다시 말해서, 대학원생들이 대학원을 다니면서 보이는 행동 차이가 궁금하다는 것입니다. 어떤 이는 4학기를 우수하게 잘 마치고 졸업하는 반면, 어떤 이는 힘들어 하다가 결국 휴학을 하기도 하고, 어떤 이는 1~2학기에는 잘했는데 논문을 앞두고 페이스를 잃기도 합니다. 이러한 차이가 왜 생기는 걸까요? 이때 종속변수는 "성공적인 대학원 졸업"입니다. 우리의 목표는 종속변수의 변량(variance, 분산)을 가능한 한 많이 설명하는 것입니다. 여기에 영향을 줄 수 있는 독립변수들은 무엇이 있을까요?

지도교수님과의 관계, 동료와의 관계, 공부에 대한 열정, 의지, 공부 습관, 주변의 지지 등등 무수히 많은 변수들이 있을 수 있습니다. 많은 이들이 놓치고 있는 변수 중에는 '지능'도 있습니다. 또한 이성교제도 포함됩니다. 그리고 어찌 보면 가장 많은 부분을 설명하는 변수는 '운(우연)'일 수도 있습니다.

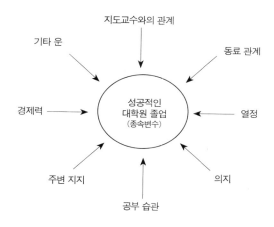

이 중에서 연구자가 진짜 관심이 있는 변수는 무엇일까요? 그것을 선택하고 경험적으로 검증해 보는 것이 연구입니다. 당연히 이 과정에서 작동하는 것은 가추법입니다. 모든 결론은 잠정적인 것입니다.

예시 하나 더. 종속변수가 결혼만족도라고 한다면?

여기에 영향을 줄 수 있는 독립변수들은 어떤 것이 있을까요? 성격, 가치관의 유사성, 경제적 상황, 건강, 자녀 유무, 부모님과의 관계, 육아 및 출산 스케줄, 식성, 가사분담 등등. 여러분이 직접 가능한 한 많이 작성해 보는 것이 중요합니다.

각자 자신이 궁금한 하나의 변수를 골라서 한번 작성해 보시기 바랍니다. 그 종속변수에 대해서 얼마나 많은 독립변수들을 떠올릴 수 있나요?

결국 과학은 인과관계를 찾기 위한 것이고, 현상의 원인을 찾고자 하는 것입니다. 그런데 그렇게 하기 위해서 연구자는 결과에 관심을 두어야 하고, 그에 대한 잠정적 가설을 만드는 것이 바로 우리가 해야 하는 연구의 출발입니다.

세상에 당연한 일은 없습니다. 저절로 그리 된 것이 아니라 다 이유가 있습니다. 그 이유를 찾는 것이 바로 과학적 연구라는 것입니다.

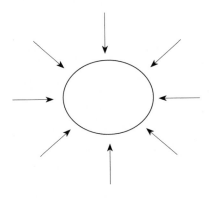

4 현상에
집중하라

현상이란 무엇인가

훌륭한 연구들은 언제나 현상에서 출발하고 실질적인 궁금증에서 연구가 시작됩니다. 그래야만 연구가 끝날 때까지 생동감을 잃지 않을 수 있고, 끝나고 나서 다시 되돌아갈 출발점이 생기는 것입니다.

그런데 현상이란 무엇일까요? 현상에 대한 사전적 정의는 '인간이 지각할 수 있는, 사물의 모양과 상태'입니다. 많은 경우에 학생들이 가장 어려워하는 지점은 현상이 무엇인지 잘 이해하지 못한다는 것입니다. 공부를 하면 할수록 우리는 현상보다는 이론에,

호기심보다는 개념에 초점을 두도록 훈련받아 왔습니다.

몇 가지 가이드를 생각해 볼 수 있습니다.

현상은 사례가 아닙니다. 어떤 대학원생에게 궁금한 현상을 물어보니, 자폐증에 관심이 있다고 하면서, 어릴 때 친구가 자폐증이었는데 그때부터 쭉 그 문제가 궁금했다고 합니다. 이것은 사례입니다. 연구의 시작은 개인의 경험에서 출발하는 것이 당연하지만, 그 사례가 현상으로 나아가기 위해서는 다른 사람들도 동의할 수 있는 근거를 주어야 합니다. 그렇지 않으면 그 사례는 결국 혼자만 궁금한 것이 되고 맙니다.

다시 말해서 어떤 현상을 선택하기까지는 개인의 주관성이 반영될 수밖에 없습니다. 하지만 현상을 선택하고 나서부터는 가능한 한 개인의 주관성을 배제하려고 노력하고 의식해야 합니다. 안 그러면 연구가 아니라 개인의 일기장이나 공허한 주장이 되어 버립니다.

또는 신문기사나 대중매체를 인용하면서 말합니다. 특히 개인의 일탈 행동, 인터넷 사용 패턴, 집단 갈등 등 시사적인 이슈들을 많이 언급합니다. 이것 역시 사례입니다. 현상은 사례들 전반에 공통적으로 깔려 있는 그 무엇입니다.

현상은 원인이 아닙니다. 간혹 본인이 궁금한 주제를 정하자마자 곧장 "왜 그럴까?"로 넘어가는 경우들이 있는데, 그러면 현상이 보이지 않습니다. 오히려 내가 궁금한 현상에 대해서 다른 사람들이 듣고 나서, "정말 그렇구나. 왜 그럴까?"라고 물어보고 싶은 마음이 든다면 정확하게 쓴 것입니다.

또한 현상은 이론이 아닙니다. 특히 최신 이론이나 해외 학술대회에서 나온 이야기들이 많이 나옵니다. (하긴 이 문제는 비단 대학원생만의 문제는 아닌 것 같습니다.) 어떤 대학원생에게 궁금한 현상을 물어보면, 자신은 회복탄력성이 적응에 미치는 영향에 대해서 궁금하다고 말합니다. 그것은 이론입니다. 이론은 현실을 추상화시킨 렌즈입니다. 이론을 빼고, 심리학을 전공하지 않은 일반인도 전혀 무리 없이 이해할 수 있는 수준에서 말할 수 있어야 합니다.

마지막으로, 현상은 변화나 개입의 문제가 아닙니다. 현상을 정확히 이해하기도 전에 어떻게 하면 바꿀 수 있을지 고민하는 대학원생들도 있습니다. 하지만 변화 이전에 필요한 것은 '현재 어떤 일이 벌어지고 있는지 정확히 아는 것'입니다. 따라서 어떻게 개입할지, 정답이 무엇인지, 그렇게 나쁜 것을 왜 계속 하고 있는지 등 개입의 문제는 현상이 정리된 이후에 고민할 문제입니다.

궁금한 현상은 무엇인가

이제 다시 돌아와서, 당신이 궁금한 현상은 무엇인가요? 그 현상이 주변에서 흔히 볼 수 있는 것이며, 사소한 문제가 아니고, 현실적인 이유뿐만 아니라 심리학적으로도 연구할 만한 가치가 있다고 다른 사람들을 설득할 수 있나요?

인터넷 포털 사이트에서 연재되었고 드라마로도 제작되었던 윤태호 작가의 『미생』에서도 언급되었듯이, 모든 문서는 설득하기 위해서 쓰는 것입니다. 여러분은 일차적으로 지도교수님을 설득하기 위해서 논문 연구계획서를 쓰는 것입니다. 나아가 지도교수님뿐만 아니라, 다른 논문 심사위원들을 설득해야 합니다. 하지만 그렇게 하기 위해서는 가장 먼저 자신을 설득해야 합니다. 자기 스스로조차 설득되지 않는 글을 가지고 다른 사람을 설득할 수는 없습니다. 개인의 주관성에서 시작해서, 객관적인 연구로 마무리되기까지, '공유된 주관성'을 확보하는 것이 연구의 시작입니다.

★ **질문 4** 내가 궁금한 현상은 무엇인가?

본인이 선정한 현상을 적어 보셨다면, 몇 가지 가혹한(?) 질문들을 드리도록 하겠습니다. 물론 이 질문들에 대해서 지금 모두 답변할 수 없을 수도 있습니다. 하지만 이를 잊지 않고 연구를 진행하다 보면, 불현듯 퍼즐이 맞춰지는 경험을 할 수도 있습니다.

1. 지금 쓰신 그 현상이 정말 궁금한가요? 안 한다고 무슨 문제가 생기나요?
2. 너무 당연한 것은 아닌가요?
3. 궁금하다고 적어 놓았지만, 이미 본인도 알고 있는 것은 아닌가요?
4. 그 현상에 대해 연구를 한다고 해서, 무엇인가 바꿀 수 있는 것인가요?

내가 궁금한 현상[4]

왕따 문제. 하루가 멀다 하고 왕따로 인한 사건, 사고에 대한 기사가 인터넷 포털 사이트에 핫 토픽으로 떠오르는 것을 본다. 이제는 식상하다고 느낄 정도이다.

특히 몇 년 동안 초등학교 교사로 근무했던 경험이 있는 나는 집단 따돌림 현상이 청소년들 사이에서 큰 문제가 되는 것을 좀 더 가까이서 볼 수 있는 기회가 많았다. 학교에 자녀를 보내는 부모나 학생들 대다수가 학교생활에서 가장 바라는 것이 '왕따 당하지 않는 것'이라고 할 정도로 집단 따돌림의 '트렌드'가 대다수의 학생에게 영향을 미치는 현상이 되었고, 피해 당사자의 자살, 가해학생의 구속, 피해학생 부모의 손해배상 청구 소송 등 집단 따돌림 문제가 학교 울타리 밖으로까지 번지고 있다는 것은 비단 나처럼 교육현장에 있었던 사람이 아니라도 이미 많은 사람들이 알고 있는 우리의 현실이다. 더불어 이 현상이 비단 교육기관에서뿐 아니라 환경과 사람에 관계없이 잠재적인 발생 가능성이 있다는 점이 집단 따돌림에 대한 나의 호기심을 더욱 자극했던 것 같다.

이와 관련하여 좀 더 구체적으로 이야기해 본다면, 먼저 나는 집단 따돌림 문제가 현대사회에서 이슈가 된 배경에 대한 궁금증이 있다. 우리나라에서 이 문제가 본격적으로 대두되기 시작한 것이 1990년대 중반 이후부터라고 알고 있는데, 이게 현

---

4 지금부터 각 장마다 붙어 있는 Sample은 지난 2015년 1학기 서울여대 연구방법론 수업에서 류혜진 선생이 매 시간 제출하였던 실제 과제물입니다. 전체적인 이해를 돕기 위해서, 하나의 예시로 첨부합니다. 아울러 본인의 과제를 기꺼이 전재(全載)하도록 허락해 준 류혜진 선생에게 진심으로 감사함을 전합니다.

대 사회에서 증가된 현상인지 아니면 예전부터 있었지만 사람들의 관심으로 인해 이슈가 부각된 건지에 대해 알고 싶다. 이기적이고 다른 사람의 감정을 고려하지 않는다고 평가되는 현대인의 특성이 원인이라면 시대적인 배경과 특징도 같이 고려해야 할 것이고, 군중심리나 비교의식이 원인이라면 근본적인 심리를 분석하는 것에 좀 더 치중해서 연구를 해나가 보고 싶은 마음이다.

또한, 따돌림을 당하는 원인을 피해자와 가해자의 두 가지 관점에서 바라보고자 한다. 초등학교 교사 시절 동료 선생님들과 이야기를 하며 왕따를 당하는 학생들의 성향이 비슷하다는 내용으로 공감을 했던 적이 있다. 어느 정도 피해를 당하는 이유가 있다는 것에 잠재적인 동의를 했다는 것이다. 이와 관련하여 피해자의 어떤 성향이 따돌림을 당하는 이유가 되는지, 어떤 반응을 했을 때 가해자가 행위를 지속하게 만드는 동기를 주는지 등 피해자 관점에 대한 연구가 필요하다고 생각한다. 가해자의 관점으로는 어떤 심리성향의 영향으로 대상을 괴롭히게 되는지, 죄의식이나 상대방의 감정에 대한 공감이 무딘 이유가 무엇인지, 가해를 같이 동조하는 사람의 동기는 어떤 마음인지에 대하여 알아보고 싶다.

초등학생의 자살, 군대에서의 총기난사 사건 등 최근 사회적으로 심각한 이슈들의 원인은 집단 따돌림이었다. 신체적인 폭력뿐 아니라 심리적·정신적으로 더 큰 피해를 보는 사람들이 많아졌고, 그 방법도 다양해지는 것을 보게 된다. 이 주제를 연구하며 좋은 결론뿐 아니라 사회와 사람에 대한 이해를 통해 치료방법을 배우는 기회가 되었으면 하는 바람을 가져본다.

개인적 경험에서 출발해서, 그 현상이 일반적이라는 것을 설득력 있게 제시하고, 역사적 배경과 기존 연구의 관점을 개략적으로 잘 제시하였습니다.

이런 실수를 피하자!

본인이 궁금한 현상을 정리하라고 했을 때 가장 많이 보이는 실수들은 다음과 같습니다.

1. 사회적 이슈: 본인이 궁금한 게 아니라 최근 대중매체에 많이 언급되고 있는 주제를 마치 자기 생각인 것처럼 착각하는 것입니다. 기사들이 나열되고 거기에서 주목하는 지점에 대해 연구를 해 보고 싶다고 하는 것입니다. 그것이 나쁜 것은 아니지만 연구를 진행하다 보면 내가 궁금한 것이 이게 맞나 하는 후회가 들 수도 있습니다. 지난 몇 년 동안 이러한 주제로 많이 언급된 내용들은 스마트폰, 자살, 반려동물, 게임 중독, 우울증 등이 대표적이었습니다.

2. 개인적 경험: 개인적 경험에서 현상으로 나아가지 못하는 경우입니다. 모든 연구는 주관적인 관심에서 출발할 수밖에 없지만, 그것을 다른 사람들이 궁금할 수 있는 지점까지 진전시켜야 하는데요. 자신의 경험에 너무 매몰된 나머지 일기장 같은 진술, 하소연, 푸념들이 나오기도 합니다.

3. 이미 결론이 정해진 주제: 앞서 현상을 고민할 때에는 '왜'라는 질문을 잠시 보류하라고 했는데요. 그럼에도 불구하고 계속 스스로 '왜'에 대해 자문자답하면서 이미 연구자의 마음속에서 결론

이 정해져 버리는 경우가 있습니다. 이럴 때에는 "~해야 한다, ~이 옳다, ~한 방향으로 나아가야 한다" 등과 같은 당위적 표현들이 자주 나옵니다. 진정 그 생각이 확고하다면, 심리학 학술 연구가 아닌 사회 운동이나 정치 영역으로 가는 것이 더 현명합니다.

4. 이미 정해진 연구문제: 현재 단계는 처음부터 다시 생각해 보는 시간임에도 불구하고, 이미 연구 문제와 연구 방법까지 특정해서 제시하는 경우입니다. 이 역시 잘못된 것은 아니지만, 본인만의 시야에 갇혀 있을 가능성이 높습니다. 특히 박사과정 대학원생들에게서 많이 발견되는 유형입니다. 끝가지 밀고 나갈 수 있으면 그렇게 해도 되는데, 실제는 중간에 다시 혼란에 빠지는 경우가 더 많습니다.

이상 대표적인 경우들 이외에도, 본인이 궁금한 현상을 정리하라고 했는데, 비슷한 고민 수준의 내용들을 2~3개 나열 제시하는 경우도 있습니다. 하지만 여러 개를 하는 것이 중요한 것이 아니라, 하나라도 끝까지 머릿속에서 진도를 빼보는 것이 중요합니다.

또한 수업 중에 가장 저를 당황스럽게 했던 말은 "사실 이번 숙제를 하려고 보니, 제가 궁금한 것이 없다는 것을 알았습니다."라는 것이었습니다. 본인에게는 큰 깨달음일 수 있을지 모르지만, 제 입장에서는 "그래서 어쩌라고?"입니다.

이런 경우들 외에도 대부분의 대학원생들이 반복 실수하는 2가지는 문장에서 비문(非文)이 너무 많다는 것과 단어들을 너무 함부로 사용하는 것입니다. 문장은 온전해야 하면, 단어는 정확해야 합니다.

5 | 현상을 정리하라

경험   보편성   예측

현상을 정리하기

이렇게까지 강박적으로 현상을 정리하는 것은 사실 쉽지 않은 작업입니다. 하지만 좋은 연구는 언제나 현상에서 출발한다는 점을 잊지 마시기 바랍니다.

이는 비단 연구뿐만 아니라 상담 장면에서도 동일합니다. 내담자가 호소하는 문제가 무엇인지 정확히 아는 것이 무엇보다도 우선입니다. 문제가 무엇인지 분명히 드러나지도 않았는데 곧장 원인을 설정해서 개입하는 모습은 초보 상담자들이 흔히 하는 실수입니다. 현상을 분명히 하면, 그 이후에 어떻게 해야 할지(개입, 대처,

변화 방안)는 자연스럽게 따라오는 경우가 많습니다. 반면에 현상을 제대로 모르면 엉뚱하게 대처를 하게 됩니다.

현상을 선택하고 나서 가장 먼저 해야 할 일은 그 현상에 대해서 사람들이 가지고 있는 믿음, 신념, 통념, 전제들을 찾는 것입니다. 이때는 비-평가적 관찰이 중요합니다. 다시 말해서, "옳다/그르다, 맞다/틀리다, 중요하다/중요하지 않다, 당연하다/당연하지 않다" 등의 평가를 배제하고 현상을 들여다보는 것입니다. 그 현상에 대해서 사람들이 (사실 여부와 상관없이) '사실이라고 믿고 있는' 것들을 정리하는 것입니다.

현상 이면에 깔려 있는 전제들의 예를 들어 보면, 흔히 "웬만한 남자보다 일을 잘한다"면서 여자를 칭찬할 때가 있습니다. 하지만 이 말은 사실상 남녀 차별이 전제되어 있습니다. 왜냐하면 비교 대상이 이미 '웬만한 남자 vs 잘하는 여자'인 것입니다. 정확한 비교를 위해서는 '잘하는 남자 vs 잘하는 여자'가 맞겠지요.

또한 신문기사에서 종종 "대학생과 가정주부 포함된 도박단 검거" 같은 표현을 볼 때도 있습니다. 이 기사에서 군이 대학생이나 가정주부가 명시된 이유가 무엇일까요? 이는 대학생이나 가정주부는 도박과 같은 사건에 엮이는 것이 이상하다는 것입니다. 그래서 기사 헤드라인에 따로 언급한 것입니다.

선거철마다 "지역감정(또는 세대차이)을 어떻게 해소할 것인가" 같은 기획 기사들을 볼 수 있습니다. 이미 여기에서도 '지역감정(세대차이)=나쁜 것'이라는 전제가 있습니다. 물론 지역감정이나 세대차이가 좋다는 뜻이 아닙니다. 다만 그 현상이 정확히 현재 어떠한지, 핵심이 어디인지 불분명한 상태에서 무조건 가치판단으로 넘어가고 있다는 것을 지적하는 것입니다.

지금 우리가 해야 하는 작업은 과학적 사실 여부와 상관없이 사람들이 그렇다고 믿는 것이 무엇인지 탐색하는 작업이기에, 당위나 정답에 빠지는 것을 조심해야 합니다. 이러한 전제들을 가능한 한 많이 정리해 보시기 바랍니다. 물론 이러한 과정이 다소 낯설기도 하고, 이런 작업을 하면 할수록 본인 머릿속이 혼란에 빠질 수도 있습니다. 하지만 막상 탐색을 하다 보면 20개 이상 금방 적을 수 있습니다. 물론 그러한 전제들이 서로 모순적일 때도 많습니다. 이 작업을 통해서 본인이 궁금한 현상을 연구 주제로 전환시키기 위한 기초 자료를 얻는 것입니다.

① 일차적으로 전제들이 정리되고 나면, 일단 큰 범주별로 묶어 보시기 바랍니다.
② 그리고 그중에서 연구자 본인이 가장 동의하거나 와닿는 문장이 무엇인지 체크해 보시기 바랍니다. 현상의 무수한 측면 중에서는 바로 그 지점을 연구하고 싶은 것이 맞는지 확인해 보시기 바랍니다.
③ 번거롭겠지만, 지금 정리한 리스트를 가지고 주변 사람들에게 "본인이 가장 동의하는, 본인의 생각과 같은 문장을 5개 정도만 선택해 달라"고 요청해 보시기 바랍니다. 5~10명 정도만 하면 충분합니다. 전제나 통념들 중에서 가능한 많은 사람들이 동의할 수 있는 내용들이 무엇인지 찾는 것입니다.

사람들에게서 가장 많이 선택된 문장들이 본인의 생각과 비슷한가요? 이게 바로 주관성의 차이입니다. 그래서 많이 동의하고 있는 지점이 그나마 '공유된 주관성', 다시 말해 객관적인 연구를 위한 토대가 되는 셈입니다.

제가 요청 드리는 고민의 핵심은, "현재 작동하는 근본적인 가정에 의문을 제기하고, 현상에 대한 개념이나 틀(frame)을 재정립하는 것"입니다. 이러한 작업에는 시간이 필요합니다. 2~3시간 안에 한 번에 쭉 작성하는 것이 아니라, 평상시 지하철을 오고 가는 많은 시간들, 혹은 중간중간 자투리 시간 속에서 끊임없이 의문을 제기해 보고, 고민하고, 다시 정리해 보는 것입니다.

★ **질문 5** 현상의 전제들을 정리하면서 내가 느낀 것은 무엇인가요?

Sample 2	**현상에 깔려 있는 전제들**

1. 집단 따돌림 현상은 요즘 들어 빈도수가 크게 증가하였다.
2. 집단 따돌림으로 인한 가학행위가 더욱 심각해지고 있다(더 잔인해지고 있다).
3. 최근의 한국사회는 집단 따돌림이 심각한 사회적 문제라는 것을 강하게 인식하고 있다.
4. 집단 따돌림은 학교뿐 아니라 직장 등 다른 곳에서도 빈번하게 일어나는 현상이다.

5. 집단 따돌림은 나쁜 아이들(사람들)이나 하는 짓이다.

6. 집단 따돌림의 가해자는 인성 자체가 문제이다(환경이나 상황 때문이기보다는).

7. 집단 따돌림의 가해자는 재교육해도 소용없다.

8. 집단 따돌림의 피해자는 문제가 될 만한 소지를 가지고 있었을 것이다.

9. 집단 따돌림의 피해자는 다른 곳에서도 피해자가 될 가능성이 높다.

10. 한국 사회는 가해자에 대한 처벌이 미약하다.

11. 집단 따돌림 현상은 남녀에 따라 다른 방식으로 표출된다.

12. 집단 따돌림에 약간 동조하더라도 주동자가 아니라면 그렇게까지 나쁜 건 아니다.

13. 집단 따돌림 사건의 피해자와 가해자는 모두 가정환경에 문제가 있었을 것이다.

14. 집단 따돌림이 증가한 현상에는 폭력적인 대중매체도 영향을 끼쳤을 것이다.

15. 자신의 자녀들에게 집단 따돌림 문제가 생기면 대부분의 부모들은 '내 아이가 그럴 리 없다' 혹은 '내 아이는 착한데 나쁜 친구들의 꾐에 넘어가서 그런 거다'라고 생각한다.

16. 학교 내 집단 따돌림의 경우 교사에게 말한다 해도 문제해결엔 큰 도움이 되지 않는다.

17. 학교 내에서 집단 따돌림 문제는 담임교사의 책임이 크다.

18. 현재 학교 내 집단 따돌림 예방책은 별로 소용이 없다.

19. 학교 내 집단 따돌림 방지를 위해서는 학교 인성교육을 강화해야 한다.

20. 집단 따돌림 문제 해결을 위해서는 관련 법률개선이 필요하다.

집단 따돌림 현상에 대해 사람들이 흔히 동의하는 내용들을 충분히 고민하고 잘 정리하였습니다.

사실 이 과제는 본인이 궁금한 현상을 좁히고, 좀 더 구체적으로 제시하여, 그 현상의 중요성과 일상성을 설득하기 위한 작업입니다. 연구에서는 내 생각보다 남들 생각이 더 중요합니다. 남들을 설득하기 위해서는, 현재 남들이 어떤 생각을 하는지 있는 그대로 파악해야 하며, 그래야 내 생각과의 차이를 알고 어필할 수 있습니다.

여기서 많이 하는 실수는 첫째, 궁금한 현상의 범위를 좁히지 못하고 너무 광범위하거나 초점이 불분명한 명제들을 나열하는 것입니다. 예를 들어, 스마트폰의 어떤 측면에 대한 어떤 현상인지를 선택해야 하는데, 스마트폰에 관한 일반적인 생각들을 쭉 나열하는 것입니다.

둘째는 전제들에 이미 판단과 평가가 들어간 경우들입니다. 그럴 경우 문장들에서 "좋은, 올바른, 바람직한, 진정한, 제대로 된, 필요한, 중요한, 진짜" 등이 남발됩니다. 이건 전제가 아닙니다. 예를 들어, "스마트폰 중독이 심각한 문제이다"가 아니라, "스마트폰 중독에 대해 학부모들이 많이 걱정한다"가 더 타당합니다.

셋째는 전제 문장들의 형식과 관련되는데, 조건문이나 중문(重門) 형태가 되는 경우들입니다. "~라면 ~일 것이다", "~ 하고 또 ~ 하다", "~ 하기에 ~ 하다" 형식의 문장은 사람들의 통념이 아니라 이미 판단입니다. 따라서 그런 문장들은 단문으로 짧게 구성하는 것이 좋습니다.

6 | 내가 궁금한 것은 무엇인가

스토리로 만들어 보기

앞서 현상의 전제들을 정리했던 작업에서 다시 시작해 봅시다. 20개의 문장 중에서, 다른 사람들도 동의하는 것들을 선택하고, 미처 몰랐던 것들을 재발견하여, 55페이지의 Sample 3과 같이 10개 내외로 추려 보시기 바랍니다. 책만 읽고 넘어가지 말고, 반드시 본인 스스로 해 보시기를 권합니다. 그러고 나서, 현상의 전제들을 찬찬히 읽어 보고, 본인이 궁금해 하는 지점이 어디인지를 스토리로 만들어 보는 것입니다. 그렇게 함으로써, 현상을 둘러싼 여러 문제들 중에서 가장 궁금하거나, 본인의 생각과 다르거나, 사람들이 (혹은 기존 연구들이) 놓치고 있는 지점을 선택하는 것입니다.

그러나 많은 경우에 논문을 앞둔 학생들은 이렇게 현상에 대해 고민하고 정리해 보기보다는, 기존 이론이나 개념에서부터 연구를 시작하려는 유혹이 큽니다. 그게 훨씬 깔끔한 것 같고, 이미 정리가 되어 있고, 내가 하고 싶었던 연구와도 연결되는 것 같은 착각에 빠지는 것입니다. 하지만 그 논문을 쓴 연구자 역시 지금 말씀드리는 이러한 과정을 거치면서 현상을 정리하고 체계화하고 개념을 만들고 이론을 정립하게 된 것입니다.

물론 기존 이론에서 시작하는 것이 나쁜 것은 아닙니다. 요리로 비유하자면 이론은 레시피입니다. 레시피를 따라 똑같이 해 보는 것도 필요하지만, 그냥 따라만 하다 보면 요리 실력이 잘 늘지 않습니다. 요리에서 불 조절과 간 조절이 핵심이라면, 연구에서 불 조절은 논리적 글쓰기라고 할 수 있고, 간 조절은 연구방법론일 것입니다. 스스로 고민하고 생각하고 시도해 보고 나서 다시 레시피

를 들여다 보면, 왜 그리 되었는지 훨씬 풍성하게 이해할 수 있습니다. 그런 경험들이 쌓이다 보면, 생전 처음 만드는 요리도 레시피 없이 대략 비슷한 맛을 낼 수 있게 됩니다. 왜냐하면 머릿속에서 전체 그림을 그릴 수 있게 되었기 때문입니다.

Sample 3　　**현상의 전제에 대한 정리**

1. 집단 따돌림 사건의 피해자와 가해자는 모두 가정환경에 문제가 있었을 것이다.
2. 집단 따돌림의 피해자는 문제가 될 만한 소지를 가지고 있었을 것이다.
3. 집단 따돌림의 피해자는 다른 곳에서도 피해자가 될 가능성이 높다.
4. 집단 따돌림의 피해자들은 자기주장을 잘 못한다.
5. 집단 따돌림의 피해자들은 대인관계 형성 능력이 부족하다.
6. 집단 따돌림 피해자의 적극적이지 않은 대처가 문제를 키울 수 있다.
7. 집단 따돌림의 가해자는 인성 자체가 문제이다(환경이나 상황 때문이기보다는).
8. 집단 따돌림의 가해자는 재교육해도 소용없다.
9. 집단 따돌림의 방관자들에게 따돌림에 대한 책임을 지우는 것은 과중한 처벌이다.
10. 집단 따돌림에 주도적으로 가담한 것이 아니라면 동조하지는 않은 것이므로 잘못이 없다.

연구 배경에 대한 스토리　집단 따돌림 문제 중에서 내가 가장 관심을 가지는 내용은 집단 따돌림과 관련한 사람들을 피해자와 가해자, 그리고 방관자 집단으로 구분해 볼 때 이러한 역할자의 구분을 개인적 특성과 연관지어 생각할 수 있을지에 대한 것이다. 가해자와 피해자의 특성이 과연 따로 존재하는 걸까? 만약 그렇다면 방관자 집단을 포함하여, 각 집단이 구별될 만한 특성들은 어떠한 것일까? 더불어 집단 따돌림 현상을 설명하는 데 있어서 개인적인 특성에만 귀인하는 방식이 과연 어느 정도의 설명력을 지니고 있을까에 대한 궁금증도 있다. 이와 관련하여 개인적 특성 외에 집단 따돌림 가해 경험이나 피해 경험에 영향을 미치는 기타 주요 변인들도 확인해보고 싶다.

연구 문제 집단 따돌림 현상에서 방관자 역할을 하는 아동 청소년의 행동 변화를 끌어낼 수 있는 개인적·상황적 특성을 알아보고 싶다.

피드백

집단 따돌림 현상에서 가해자, 피해자의 개인적 특성뿐만 아니라, 가장 다수를 차지하고 있는 방관자 집단의 속성에 대해서 초점을 분명히 하였습니다.

이런 실수를 피하자!

전제들을 정리하는 과정에서, 본인이 동의하는 정도에 따라 나열한 순서와 남들 반응 사이의 차이를 확인해 보는 것이 일차적으로 중요한데, 예상과 달리 차이가 작지 않습니다. 내가 남들보다 유독 더 민감하거나 덜 민감한 내용이 무엇인지 아는 것이 첫 번째 통찰입니다.

그리고 나서 남들이 동의한 순서에 따라 10개 내외의 문장들을 정리한 후에, 그 내용 중심으로 서론을 만들어 보는 것인데, 여전히 본인 생각에 미련을 가지고 동일한 주장을 반복하는 경우가 있습니다. 그럴 것이라면 이러한 과정을 거칠 필요가 없었겠지요. 다시 말하지만 이제부터 중요한 것은 내 생각이 아닙니다.

이 과정까지 진행하고 나서, 애초 설정한 현상이나 연구 주제를 바꾸는 경우도 종종 있었습니다. 전제들을 정리하며 사람들의 생각을 확인해 보니 본인 생각과 너무 차이가 있었다는 것을 깨닫는 순간, 이게 아니다 싶어서 주제를 바꾸려는 것인데, 그냥 할지 바꾸는 것이 좋을지는 잘 생각해 보셔야 합니다. 중간에 바꾸기보다는 끝까지 해 보는 것이 더 나은 경험이 될 수 있기 때문입니다. (그리고 주제를 바꾼다고 해도, 앞서 모든 과정들은 동일하게 다시 반복해 보셔야 합니다.)

현상과 현상의 전제들을 정리하는 과정에서 적용할 수 있는 몇 가지 가이드가 있는데, 먼저 본인이 궁금한 현상에 대해 정리한 문장이 "A는 어떻다"일 때, A를 B나 C 같은 다른 단어로 대체해 보시기 바랍니다. 그 단어는 비슷한 종류의 것일 수도 있고, 전혀 다른 종류일 수도 있습니다. 그래도 전혀 무리가 없다면, 내가 정리한 문장은 그 현상에만 적용되는 진술이 아닌 것입니다.

또한 정리한 문장 중에서, "A는 B와 관련이 있다"와 "A는 B와 관련이 없기도 하다"처럼 그렇기도 하고 아니기도 하다는 식의 진술이 있다면, 그건 A에 대해서 모른다는 것을 의미합니다. 가능한 그런 진술은 다시 정교화하거나 수정하시는 것이 좋습니다.

마지막으로 자신이 정리한 현상에 대해서 시간적인 연속성을 확인해 보는 것도 좋은 통찰을 줍니다. 그 현상이 옛날에도 동일했는지, 아니면 최근에 나타난 것인지, 또는 그 현상이 아동이나 청소년에게만 해당되는지, 아니면 성인 역시 동일한 현상을 경험하는지 여부를 따져 보는 것입니다. 이때 "현재 관점을 가지고 과거까지 재단하는 오류"를 조심해야 합니다.

> 일등 항해사를 싫어했던 한 선장이 모종의 사건 이후 "일등 항해 사가 오늘 술에 취했다"라고 항해 일지에 적었다. 그 항해사는 전에는 한 번도 그랬던 적이 없었기 때문에, 자신의 고용에 문제가 생길 것을 우려하여 선장에게 그 문구를 삭제해 달라고 애걸했지만 거절당했다. 그러자 항해사는 다음날 자신의 일지를 쓰면서 "선장은 오늘 취하지 않았다"고 기록했다(Gould, 1996).

만일 여러분이 100년 뒤에 위 예화에서 언급된 항해사 일지와 선장 일지를 발견하고, 당시 상황을 해석한다면 어떤 해석이 나올지 한번 상상해 보시기 바랍니다.

연구 문제를 명확히 하기

아직까지 연구는 시작도 못했습니다. 하지만 연구 초반에 이런 고민들이 쌓일수록 이후의 연구는 훨씬 손쉽게 진행할 수 있습니다. 반대로 초반의 고민이 충분치 않으면 연구를 진행하는 도중에 중간 중간 나는 어디로 가고 있는지에 대해서, 왜 하고 있는지에 대해서 계속해서 회의가 들기도 합니다.

현상을 선택하고, 그 현상에 대한 전제를 탐색하고, 그 현상에서 본인이 궁금한 지점이 무엇인지 정리했다면, 이제 자신의 연구 문제를 명확히 하는 작업입니다. 이때 포스트잇을 유용하게 활용할 수 있습니다. 포스트잇 10장 정도에 지금까지 정리한 내용 중에서 대표적인 키워드들을 한 장에 하나씩 적어 보시기 바랍니다. 종속변수, 독립변수 등은 반드시 포함되겠지요. 앞에서 제시한 Sample 3 의 경우에는 다음과 같습니다.

키워드가 적혀 있는 포스트잇들을 계속 순서를 바꿔 가면서, 내가 궁금한 연구 문제를 하나의 문장으로 만들어 보는 것입니다. 모든 포스트잇을 다 사용하실 필요는 없고, 문장을 만들다가 중간에 포스트잇을 추가하셔도 됩니다.

Sample 3에서는 연구 문제를 다음과 같이 정리하였습니다.

"집단 따돌림 현상에서 방관자 역할을 하는 아동 청소년의 행동 변화를 끌어낼 수 있는 개인적·상황적 특성을 알아보고자 한다."

즉, 연구자는 집단 따돌림의 무수한 현상들 중에서, 가해자나 피해자가 아닌, 방관자에 초점을 두었고, 대다수를 차지하는 방관자들의 행동 변화를 끌어내기 위하여, 어떤 개인적 혹은 상황적 특성이 유의미한지를 연구하겠다는 것입니다.

이렇게 연구 문제를 최종 정리하는 것이 단시간에 되지 않을 수도 있습니다. 어떤 사람은 자기 방 벽면에 포스트잇 수십 장을 붙여 놓고 며칠 동안 끙끙대면서 찾기도 합니다. 이렇게 정리한 연구 문제가 중요한 이유는, (통계분석의 출발점이 영가설이듯) 바로 그 문장이 이후 연구를 진행할 때 계속해서 확인해야 하는 출발점이기 때문입니다.

★ **질문 6**　내 연구 주제를 한 문장으로 말한다면?

연구 문제를 만들 때 주의해야 할 몇 가지가 있습니다.

앞서 언급했듯이, "~은 무엇인가"는 심리학 연구 주제로 적합하지 않습니다. 본질적인 정의는 우리의 할 일이 아니고, 우리는 심리 현상을 조작적으로 정의(operational definition)할 수밖에 없습니다. 또한 현상의 원인을 의학적 또는 생리학적인 문제로 지나치게 연결시킬 때도 있습니다. 만일 인간 행동이 생리학적 원인으로 모두 설명된다면, 심리학은 독자적인 학문이 아니라 의학의 하위 영역으로 바뀔 것입니다. 하지만 지금까지 발견된 과학적 사실에 기반하여 본다면, 유전만으로 인간을 100퍼센트 설명할 수는 없습니다.

연구 문제들을 구분해 보면, 크게 3가지 패턴이 있습니다. 편의상 종속변수를 B라고 하고 독립변수를 A라고 한다면, ① B에 영향을 주는 A들을 찾는 연구가 가장 많습니다. 단순하게는 중다회귀분석을 실시할 수도 있고, 경로분석이나, 구조방정식 모형을 적용하기도 합니다.

이러한 패턴의 응용으로, ② A를 범주 변인으로 설정하고 B에 대해 A라는 집단 간 차이를 밝히려는 연구들도 많이 있습니다. ANOVA가 대표적입니다.

끝으로 ③ B에 대해서 그 구성과 구조를 궁금해 하는 연구들도 있습니다. 요인분석을 사용한 척도 개발 등이 여기에 해당합니다.

본인의 연구 문제가 대략 어디에 해당하는지 구분해 보시기 바랍니다.

그런데 통계나 방법론이 연구의 품질을 보장하지는 않습니다. 그럼에도 불구하고 방법론의 유행이 있는 것도 현실입니다. 한국 심리학의 경우 2000년 전후로 구조방정식 모형을 적용한 논문이 유행이었고, 최근에는 조절변수와 매개변수를 설정하는 연구들이 많습니다. 아마도 여러분이 설정한 연구 문제 중에서도 조절이나 매개 효과가 포함된 경우가 있을 것입니다.

하지만 조절변수와 매개변수는 주 효과 변수들을 어느 정도 다 밝히고 나서, 그나마 나머지 미세한 부분들까지도 추가적으로 확인해 보고자 하는 목적이 강한 것인데, 아직까지 본인의 연구 주제에 대해 주 효과조차 분명치 않은 상황에서, 무조건 매개변수/조절변수를 연구 문제로 선정하는 것은 다시 한 번 생각해 봐야 합니다. 더군다나 매개변수나 조절변수의 설명력은 매우 작습니다. 더 큰 설명력을 가지는 다른 변수들이 여전히 미지의 영역으로 남아 있음에도 불구하고, 외국 학회지의 최신 유행에 발맞춰 매개변수/조절변수 모형을 남용하지는 않기 바랍니다. (하지만 지도교수님이 그리 하라면 하시기 바랍니다.)

여기까지 정리되었다면, 이제 드디어 연구를 시작할 준비가 끝난 것입니다. 이 시점에서 마지막으로 TED 동영상을 하나 추천해 드립니다. 말콤 글래드웰(Malcolm Gladwell)의 "스파게티 소스

(Spaghetti Sauce)"(2004)라는 영상입니다. 우리가 사용하는 통계 방법론이 기본적으로 평균에 기반한 것인데, 평균이 하나가 아닐 수 있다는 것을 설득력 있게 제시하고 있습니다.

....

★ 말콤 글래드웰의 「스파게티 소스(Spaghetti Sauce)」 TED 동영상 메모

....

잘 보셨나요? 본인의 연구에 또다른 힌트를 얻을 수 있었으면 좋겠습니다.[5]

---

5   여러 개의 평균과 관련해서, 혹시 청소년 비행 문제에 관심이 있는 연구자가 있다면 테리 모핏(Terry Moffitt)이 *Psychological Review*라는 저널에 발표한 "Adolescence-limited and life-course-persistent antisocial behavior: A developmental taxonomy"(1993) 논문을 읽어 보시면 도움이 될 것입니다.

7 | 서론에서 독자를 꼬셔야 한다

서론을 어떻게 시작할까

이제 드디어 연구의 서론을 쓰기 시작할 시간입니다. 한마디로 말해서, 서론은 연구의 보편성을 획득하는 시간입니다. 독자의 공감을 일으켜야 하고, 그러려면 연구자와 독자 사이에 공유하는 지점이 있어야 합니다.

그런데 이 작업은 이미 앞서 여러분이 하신 것입니다. 개인적인 호기심에서 관심이 있는 현상을 선택하고, 그 현상이 가지고 있는 전제들을 확인하고, 타인들에게서 피드백을 받고, 다시 현상을 정리하였던 그 작업이 바로 서론의 재료가 됩니다. 그 내용들을 완

결된 문장으로 정리하시면 그것이 곧 서론이 됩니다. 이를 통해, 특수성에서 시작한 연구가 보편성을 획득하여 개별 연구로 나아가게 되는 것이지요.

기업체의 면접에서 면접관의 판단은 1분 이내에 결정된다는 연구 결과도 있습니다. 연구도 비슷한데, 논문 심사를 할 때 서론 2페이지 정도를 읽다 보면 상당히 많은 판단을 부지불식간에 하게 됩니다. 잘 쓴 서론을 읽다 보면, 연구자가 무슨 궁금증에서 이 연구를 시작했는지, 이 연구가 얼마나 중요한지, 연구 결과가 어떻게 나올지 등의 생각들이 연속적으로 이어지게 됩니다. 하지만 어떤 연구의 서론을 보다 보면, 연구자가 이 연구를 왜 하려고 하는지 도대체 이해가 되지 않는 경우도 있습니다. 연구의 Why가 없거나 약한 것이지요. 물론 졸업하려고 쓴 것이겠지만, 기왕이면 독자를 설득할 수 있다면 금상첨화일 것입니다.

그런데 의외로 대학원생들이 힘들어 하는 지점은 글쓰기입니다. 더군다나 서론을 가장 힘들어 합니다. 그러한 상황의 이면에는 처음부터 한 번에 완벽하게 쓰겠다는 생각이 깔려 있습니다. 훌륭한 글은 예외 없이 무수한 퇴고(推敲) 과정의 산물입니다. 많이 읽고 많이 써야 글이 좋아집니다. 물론 몇 시간 만에 서론을 한 번에 써 내려가는 분들도 계십니다. 그런 사람들을 대가라고 합니다. 대가는 머릿속에 이미 모든 논리와 전체 그림이 완성되어 있기에, 그것을 문장으로 옮기는 작업을 하면 되는 것입니다. 그런 사람들은 일반적으로 20년 넘게 해당 주제에 대한 연구들을 수십 번도 넘게 수행한 분들입니다. 하지만 우리는 안타깝게도 아직까지 대가가 아닙니다.

따라서 첫 문장을 쓰는 것이 가장 중요합니다. 그리고 가장 어렵습니다. 쭉 써 보고 나서 다시 고치는 것입니다. 최종 완성물이 아니라, 단지 2~3페이지라도 일단 쓰는 것이 핵심입니다.

　　그런데 서론에서 많이들 하는 실수가 있는데, 너무 최신의 시사 뉴스로부터 이야기를 시작하는 것입니다. 예를 들어 어떤 연구의 서론에 "괴물 열풍이 대단하다"고 써 있다면, 여러분은 이것이 무슨 말인지 쉽게 이해가 되시나요? 이 문장은 지금부터 10년 전인 2006년 9월에 영화 「괴물」이 「왕의 남자」를 제치고 역대 최다 흥행 영화가 되던 당시의 묘사입니다. 하지만 학술 논문의 경우 10년이 지나서 읽어도 전체 문맥의 흐름이 막힘이 없어야 하기에, '지금 여기에서 현재 문제가 되고 있는' 뉴스 기사를 인용할 때에는 이런 측면을 염두에 두어야 합니다.

　　마찬가지로 어떤 연구 결과를 소개하는 신문 기사를 인용하기보다는, 원래 출처인 해당 연구를 확인해서 인용하시는 것이 훨씬 좋습니다. 예를 들어, 통계청 발표를 보도한 신문 기사를 인용하는 것보다는 통계청의 해당 자료나 보고서를 인용하시는 것입니다. 인터넷을 활용하면 출처를 확인하는 것이 별로 어려운 일이 아닙니다.

　　그리고 서론을 포함하여 학술 연구 논문의 모든 과정에서, '연구 결과'를 제외한 모든 주장이나 의견은 반드시 근거와 인용이 필요합니다. 연구는 강박적인 측면이 있습니다. '뭐 이 정도는 다들 아는 얘기니까'라고 생각하고, 내 생각이 아닌 것을 마치 내가 쓴 것처럼 사용하시면 안 됩니다. 물론 반대로 서론에서부터 학술 이론 결과들을 마구 인용하는 것 역시 조심해야 합니다. 학술적인 인용은 이론적 배경 부분에서 집중적으로 하게 됩니다.

　　서론은 담백하게 본인이 이 연구를 왜 하게 되었으며, 왜 중요한지, 그리고 정확하게 무엇을 알고 싶은 것인지에 대한 논지(論旨)를 끌고 가는 것입니다. 따라서 본인만의 목소리가 분명하게 있어야 합니다. 일반적으로 서론의 마지막 문장은 앞서 6장에서 본인이

정리한 연구 문제로 마무리되는 것이 좋습니다. "따라서 본 연구에서는 ~에 대해 알아보고자 한다."

Sample 4 서론

집단 따돌림 현상에서 방관자 집단의 개인적 · 상황적 특성에 관한 연구

학령기 아동·청소년들에게 있어 학교는 하루 중 대부분의 시간을 보내는 중요한 공간이다. 이들은 이곳에서 다양한 경험을 쌓고 사회적 관계를 형성해 나가며 성장한다. 특히 이 시기에 경험하는 또래관계는 아동의 정체감 형성과 긍정적인 발달의 토대가 될 수 있다는 점에서 매우 중요한 요소이다(Shaffer, 2009, 신은경·강민주, 2013에서 재인용). 이들에게 있어 또래집단과의 친밀한 관계형성은 단순히 부모나 가족을 벗어난 대인관계의 양적 확장만을 의미하는 것이 아니라, 그 안에서 경험하는 또래들의 지지와 수용을 통해 심리적 안정감과 자존감을 키워나갈 수 있도록 자극하는 요인이 될 수 있다. 하지만 또래관계의 영향력이 그 어느 때보다 강력한 이 시기에 경험하는 괴롭힘과 집단 따돌림 같은 부정적인 또래관계는 이들의 사회적 부적응을 유발시키는 원인이 될 수 있으며, 나아가 개인의 정서적 발달에도 장애를 초래할 수 있다는 점에서 주목할 필요가 있다.

이와 관련하여 최근 들어 따돌림의 문제가 개인적 차원을 넘어서 사회의 중요한 문제로 대두되고 있다. 사실 집단 따돌림 현상이 최근에서야 생긴 현대사회의 새로운 산물은 아니다. 이전부터 집단 따돌림 현상은 공공연하게 존재해왔다. 하지만 이러한 문제가 최근에 더욱 사회적 이슈가 되는 것은 발생의 빈도가 증가했을 뿐 아니라, 가학의 수준이 더욱 잔인해짐에 따라 그 피해가 더욱 심각하게 드러났기 때문인 것으로 여겨진다. 특히 학령기 아동·청소년들이 경험하는 집단 따돌림 현상은 학령기 시절에 경험하는 인간관계 특성이 각자의 인성 형성뿐 아니라 인생의 전 과정에 중요한 영향을 미칠 수 있다는 점을 감안할 때, 더욱 시급하게 해결되어야 하는 문제로 다루어야 할 필요가 있다.

과거 집단 따돌림에 관련한 연구들(성호, 2001; 도현심, 1999; 신재선, 2001; 이민아, 1999; 한영주, 1999; 허성호·박준성·정태연, 2009; Gini et al., 2008)은 대부분 피해자와 가해자의 개인적 특성을 중심으로 논의되어 왔다. 집단 따돌림에 대한 우리 사회의 통념들만 살펴보아도 집단 따돌림 문제를 주로 피해자나 가해자 변인에 초점을 맞추어 해석해 왔음을 쉽게 이해할 수 있다. 하지만 피해자의 경우 문제가 될 만한 소지를 가지고 있었을 것이고, 가해자는 인성 자체가 문제라는 식으로 집단 따돌림 발생의 원인을 그들에게 대부분 전가시키는 기존의 해석방식은 따돌림 현상이 '집단적' 맥락에서 발생하는 '사회적' 현상(류경희, 2004)이라는 점을 고려할 때 집단 따돌림에 대한 다소 부족한 이해를 끌어낼 소지가 있었다.

사실 따돌림 장면에서 피해자와 가해자만 출연하는 것은 아니다. 우리는 소수의 피해자와 가해자 외에 그 장면에 함께하는 또 다른 제3의 집단이 존재한다는 점에 주목할 필요가 있다. 소위 '주변인' 또는 '방관자'라고 불리는 이 집단은 집단 내 사회적 관계에 기초하고 있는 집단 따돌림 상황에서 매우 영향력 있는 변수가 될 수 있다. 방관자는 집단 따돌림에 적극 동참하지는 않지만 이러한 상황을 묵인하고 암묵적으로 동조함으로써 간접적으로 집단 따돌림 현상을 조장할 수 있다. 다시 말해, 따돌림 장면에서 피해자와 가해자를 제외하고 다수를 차지하고 있는 다른 급우들의 집단 따돌림에 대한 태도가 집단 따돌림이 유지될지, 감소될지를 결정짓는 데 결정적인 역할을 담당할 수 있다는 것이다. 이들이 따돌림에 부정적인 태도를 보인다면 가해자는 피해자를 따돌리는 것을 멈추게 될 수 있지만, 급우들이 가해학생에게 아무런 제재를 가하지 않는다면 결과적으로 따돌림을 강화하게 되므로 집단 따돌림에서 또래 집단의 이러한 방관적 태도는 집단 따돌림의 피해와 가해 정도에 무시할 수 없는 영향력을 발휘하게 된다.

이처럼 집단 따돌림 상황에서 가장 높은 비율을 차지하는 방관자들의 따돌림 동조 태도가 집단 따돌림의 위험요인이자 보호요인이 될 수 있다는 점에서 이들의 행동을 탐색하고 이해하려는 시도는 집단 따돌림 현상을 보다 깊게 이해하는 데 필수적인 과정이다. 또한 집단 따돌림에서의 방관자 집단이 보이는 동조행동에 영향을 미치는 개인적 특성을 밝히는 것은 집단 따돌림의 예방 및 해결에 중요한 기초자료를 제공할 수 있다는 점에서 의미가 있을 것으로 여겨진다. 따라서 본 연구는 집단 따돌림 현상에서 방관자 역할을 하는 아동 집단의 행동 변화를 이끌어낼 수 있는 개인적 특성에 대해 탐색해보고자 한다.

피드백

학교와 또래관계의 중요성, 집단 따돌림 현상, 기존 선행 연구들의 한계, 방관자 집단에 대한 연구 필요성에 대해 차분하고 설득력 있게 서술하였습니다.

이런 실수를 피하자!

서론은 HOW가 아니라 WHY를 말하는 지면입니다. 그런데 논문을 시작하자마자 대뜸 이론적 배경과 연구 방법으로 시작하는 경우들도 있습니다. 아니면 앞서 현상에 대해 많이 고민하고 연구 문제를 정제해 왔음에도 불구하고, 다시 맨 처음 상태로 되돌아가 버리는 경우도 있습니다.

서론 시작부터 서두르지 않아도 됩니다. 앞으로 연구자가 쓸 수 있는 지면은 많이 남아 있습니다. 서론은 각론이 아닙니다. 독자가 서론을 읽고 나서, 이 연구자가 왜 이런 연구를 하려는지 느낌이 와야 합니다.

물론 서론에서도 논문 형식을 강박적으로 신경 쓰셔야 합니다. 인용이 있을 경우 출처를 정해진 형식에 맞춰야 하고, 논문 글쓰기가 되어야 합니다. 간혹 이 시점에서 발견되는 치명적 실수는, 여전히 연구의 제목이 없는 것입니다. 모든 문서는 제목, 작성자, 작성일자가 있어야 합니다. 논문이 아닌 경우도 말입니다.

서론이 끝나갈 무렵, 연구자가 하고 싶은 것이 대충 어떤 그

림인지 그려 주어야 합니다. 어떤 집단 특성에 주목하여 집단 차
이를 밝히고자 하는 것인지, 심리적 구인을 정리하는 요인 구조
에 관한 것인지, 변수들 사이의 관계에 관심을 가지고 변수들 사
이의 영향력을 비교하고 싶은지 말입니다.

8 | 이론적 배경을 찾고 정리하기

선행 연구 탐색하기

이제 내가 하고자 하는 연구와 관련된 선행 연구들을 탐색하는 시간입니다.

어떤 연구자들은 이론적 리뷰를 먼저 하고 나서, 연구 주제를 정하고, 서론을 쓰기도 합니다. 하지만 이 책에서 현상과 연구 주제를 먼저 정리하고, 서론을 쓰고 나서, 이론적 배경 부분을 설명하는 이유는, 이론적 배경을 먼저 정리하고 나면, 앞선 선배 연구자들의 연구 결과로 본인의 생각이 흔들리기 쉽기 때문입니다.

선배 연구자들의 글은 이미 수십 번 수정 과정을 거친, 즉 '시간의 시련'을 통해 살아남은 결과입니다. 따라서 그것에 먼저 노출되면 자신의 애초의 주제, 연구 설계 등이 앞선 논문에 영향을 받지 않을 수 없습니다. 읽다 보면 내 생각과 똑같은 것 같기도 하고(내가 그렇게 생각할 뿐 실제론 똑같지 않습니다), 그 변수를 그대로 사용하면 될 것 같기도 하고(그건 그 사람의 연구입니다), 여러 가지 상념이 들게 됩니다.

따라서 먼저 자신의 생각을 정리한 후에 이론적 배경을 찾는 순서가 좋습니다. 그럴 경우 자신의 연구 주제에 관한 기존의 이론적 배경이 없으면 어쩌나 하는 걱정들을 하는데, 그럴 리는 없습니다. 이 세상에 있는 그 수많은 연구자들 중에서 나와 비슷한 고민이나 문제제기를 했던 사람이 없을 리 만무하고, 만일 정말로 관련된 이론적 배경이 없다면 내 연구 주제가 과연 타당한지에 대해서도 의문을 제기해야 합니다.

문헌 조사의 노하우를 질문하는 학생들도 있는데, 스스로 많이 찾고 많이 읽어 보면서 본인만의 문헌 조사 노하우를 만드는 것입니다. 요즘에는 도서관에 가서 직접 복사를 하거나, 해당 문헌이 한국에 없어서 외국으로 편지를 보내거나 하는 경우가 별로 없습니다. 1990년대까지도 이런 일들이 비일비재했습니다. 이제는 인터넷만 있으면 전 세계 모든 자료들을 찾을 수 있습니다.

그리고 해당 연구 주제에 관련해서 반복적으로 인용되는 논문이나 저자가 있을 경우에는, 반드시 원래 그 논문을 찾아서 읽어 보시기 바랍니다. 바로 그 논문이 해당 분야의 클래식입니다. 그리고 그런 훌륭한 논문들의 공통점은 논리가 매우 분명하고 결과가 심플하다는 것입니다.

좋은 이론적 배경의 기준이 딱히 정해져 있지는 않지만, 저서보다는 학술 논문이 우선입니다. 그 이유는 논문의 경우 저널 심사

위원들의 냉혹한 리뷰에서 살아남은 것이기 때문입니다. 미국심리학회(American Psychological Association; APA)에서 나오는 주요 저널의 평균 게재율은 2~3% 수준입니다. 100편의 원고가 투고되어 그중에서 3편 정도가 실린다는 것입니다. 그것도 2년 가까이 수정보완을 거치면서 말입니다.

그리고 논문 중에서도 최신 논문이 우선입니다. 2017년 논문을 쓰면서 인용되는 참고문헌들의 출간연도가 1990년대에 그치고 있다면, 그것 역시 문제가 됩니다. 그 이후에 엄청나게 많은 이론적 진전이 있었기 때문입니다. 박사과정이라면 APA에서 발행하는 *Psychological Review*라는 저널을 정기적으로 확인해서 본인이 궁금한 연구 분야의 리뷰 페이퍼에 익숙해지는 것도 좋은 습관입니다.

사실 대학원 시간은 논문 읽기와의 전쟁입니다. 논문을 차분히 앉아서 첫 문장부터 마지막 참고문헌까지 꼼꼼히 정독하는 것이 최선이지만, 현실적으로 그럴 여유가 없는 경우가 많습니다. 따라서 좋은 논문을 찾는 방법, 찾은 논문을 빨리 읽는 방법 등은 각자

반드시 익혀야 하는 생존 전략입니다.[6]

　간단하게 논문을 읽는 몇 가지 포인트를 제안한다면, 먼저 논문의 제목을 꼼꼼히 보시기 바랍니다. 좋은 논문일수록 제목이 모든 것(독립변수, 종속변수, 관계, 특징 등)을 함축하고 있습니다. 그다음에 가장 꼼꼼하게 봐야 할 부분은 초록입니다. 초록에는 전체 연구가 요약되어 있습니다.

　그리고 나서 본문에 있는 소제목을 일별하고, 표와 그림을 탐색해야 합니다. 학술 연구 논문의 핵심은 연구 결과를 요약한 표와 그림입니다. 만일 표와 그림에 대해 모두 이해가 되었다면, 그 논문을 다 이해한 셈입니다. 그다음에 본문을 읽기 시작하시면 됩니다.

6　대학원생들이 흔히 하는 실수가 인터넷에서 논문을 찾은 다음에 '지금 말고 다음에 읽어야지.' 하면서 자신의 컴퓨터에 다운만 받아놓는 것인데, 그럴 경우 거의 대부분 다음에 읽지 않게 됩니다. 일단 논문을 다운 받으면, 첫 페이지라도 읽어 보고 저장해 두시기 바랍니다. 그렇게 하면 나중에 보게 될 확률이 높아집니다.

이런 연습을 꾸준히 하다 보면, 아마 논문 읽는 시간이나 이해도가 현저히 향상될 것입니다.

가장 좋은 방법은 내 연구와 직결되는 논문 3~5편 정도를 정독하는 것입니다. 물론 한 번 읽어서 다 이해되지는 않습니다. 핵심적인 연구의 경우, 이해될 때까지 반복해서 계속 보시기 바랍니다. 그리고 아래 Sample 5와 같이, 그 논문의 핵심들을 암기 카드나 컴퓨터 파일에 메모해서 정리해 두는 것도 매우 좋은 방법입니다.

Sample 5   **주요 논문 요약**

1. 유계숙, 이승출, 이혜미 (2013). 집단 따돌림 참여자 역할에 영향을 미치는 개인·가족·학교 관련변인. 한국가족관계학회지, 18(3), 63-89.

집단 따돌림을 학생 개인과 가족, 학교 등 주변체계가 상호작용하여 나타나는 현상(Sweare et al., 2006)으로 보고 집단역동적 관점에서 집단 따돌림 상황의 다양한 참여자 역할에 초점을 맞춰 가해자 및 그 주변 역할인 동조자, 강화자, 방어자, 방관자의 역할 수준의 전반적인 경향에 대하여 살펴보고, 개인·가족·학교 관련 변인들이 각 참여자 역할 수준에 어떠한 영향을 미치는지 확인하고자 하였다. 이들의 연구 결과는 집단 따돌림 상황에서 학생들이 참여하는 수준이 가장 높은 역할이 방관자이며 참여자 역할 중 가장 큰 비중을 차지하는 방관자 역할을 하는 학생들을 '방어자'로서 적극적인 개입을 하도록 역할을 변화시켜 주는 것이 집단 따돌림 예방의 관건임을 시사하였다. 또한 성적이 나쁜 학생들이 가해자 및 동조자의 역할을 상대적으로 많이 하는 것은 성적지상주의로 인한 학업스트레스를 해소할 배출구가 없는 우리나라의 교육환경과 관련지어 해석하였다. 또한 부모의 온정적 태도와 포용력, 비공격적 해결에 대한 부모의 지지 등이 집단 따돌림 예방에 중요하다는 것을 보여 주었으며, 학교의 분위기를 어떻게 지각하는지도 참여자 역할 선택에 영향을 끼치는 것으로 나타난 바, 학교환경에서의 교사와 학생들과의 애착관계가 집단 따돌림 현상에 유의하게 영향을 미칠 수 있음을 시사하였다.

- 내 주제에 관한 변인들을 막연하게만 생각하고 있었는데, 이 논문을 통해 좀 더 구체적인 변인에 대해 탐색해 보고 생각해 볼 수 있었다는 점이 유익했다. 또한 가해자와 피해자 이외에 그 주변 역할을 강화자, 동조자, 방어자, 방관자로 좀 더 세부적으로 구분하였다는 점이 내 연구에서의 방관자에 대한 조작적 개념 설정에 도움이 되었다.

2. 권재기 (2014). 초등학생의 집단 따돌림 역할자 분석: 잠재프로파일 탐색, 특성 예측 및 종단적 변화양상 분석. 한국 아동복지학, 45, 191-227.

집단 역동성 속에서 나타나는 집단 따돌림 역할자를 탐색하여 이들의 특성을 알아보고, 과거 거쳐 왔던 인지적 정의적 특성의 변화 과정을 살펴보고자 하였으며, 도출된 연구 결과를 토대로 집단 따돌림 역할자에 따른 예방책과 개입 및 중재방안을 제언하였다. 집단 따돌림 역할자 탐색 결과, 무관심 방관자, 자기방어 방관자, 가해 동조자, 피해자, 피해-가해 양가자, 가해자와 같은 6가지 유형이 도출되었으며, 이들의 특성을 개인 및 가정환경 차원에서 살펴본 결과를 제시하였다. 무관심 방관자의 경우 여학생이 많고, 탄력성과 자기통제력이 높으며, 규칙을 준수하는 특성이 있는 것으로 나타났으며, 자기방어 방관자는 교과부진과 함께, 자아개념이 꾸준히 상승하는 무관심 방관자에 다르게 자아개념이 점차 감소하는 모습을 나타냈다. 또한 학교폭력 인식에서 피해자의 부모와 가해자의 부모의 학교폭력의 원인을 바라보는 인식차가 존재하는 것으로 나타났는데, 피해자의 부모는 학교폭력의 원인을 개인 내와 개인 외 문제 모두로 보는 반면, 가해자의 부모는 개인 외적 문제로 바라보는 특성을 나타냈다. 마지막으로 각각의 유형에 적합한 집단 따돌림 예방 교육방법을 제안하여 실제상황에 적용하는 데 도움이 될 만한 정보들을 제공하고자 했다.

- 집단 따돌림 역할자 중 방관자를 무관심과 자기방어 방관자로 구분하여 살펴보았다는 점에서 방관자라는 집단 안에서도 차별적인 집단이 존재할 수 있다는 것을 알게 해 주었고, 종단적 변화양상을 확인하고 각각의 유형에 적합한 교육방법을 좀 더 구체적으로 제안하였다는 점이 유익했다.

3. 신은경, 강민주 (2014). 학령 후기 아동의 성별, 내적 통제성

및 공감이 집단 따돌림 동조 행동에 미치는 영향. **청소년학연구, 21(5), 329-358.**

학령 후기 아동의 집단 따돌림 동조 행동과 관련된 개인 내적 요인에 관심을 가지고, 그 중 성별, 내적 통제성 및 공감이 집단 따돌림 동조 행동에 어떠한 영향을 미치는지를 알아보았다. 그 결과, 피해자 동조 행동 및 공감은 성별에 따라 차이가 있는 것으로 나타났으며, 반면 내적 통제성은 성별에 따른 차이가 없었다. 각 요인별로 동조 행동에 미치는 영향을 확인한 결과로는 먼저 가해자 동조행동에 영향을 미치는 변인은 내적통제성이었고, 피해자 동조 행동을 예측하는 변인은 인지적 공감과 정서적 공감, 내적 통제성인 것으로 나타났으며, 방관자 행동을 예측하는 변인은 내적 통제성과 성별인 것으로 나타났다. 특히 아동의 내적 통제성이 모든 동조 행동을 예측하는 유의한 변인으로 확인된 바, 이를 통해 집단 따돌림과 관련한 개인내적 요인에 대한 다양한 관점의 확장을 이루었다는 점과 방관자 행동의 경우 성별에 따라 다르게 영향을 받는 것으로 나타난 점을 미루어 특히 방관자 행동의 개입에는 성별을 고려하여 접근하는 것이 필요하다는 경험적 자료를 마련하였다는 점을 연구의 의의로 제시하였다.

- 집단 따돌림 동조행동과 관련한 개인적 요인에 대하여 성적이나 공감 이외에 내적 통제성이라는 변인을 제시한 것이 흥미로웠다. 또한 이러한 내적 통제성이 가해자 동조와 피해자 동조, 방관자 행동 모두에 유의하게 영향을 미친다는 점에서 집단 따돌림 예방 프로그램의 설계에 도움이 될 만한 정보라고 여겨졌다.

논문 내용을 요약하는 데 그치지 않고, 본인의 연구와 어떤 관련이 있을지 연결시킨 점이 좋았습니다.

주요 논문 요약에서 많이 하는 실수는 좋은 논문이 아니라 접근이 쉽고 읽기 편한 논문을 찾는 것입니다. 연구 주제에 따라서는 소속 학회지에는 관련 논문이 별로 없는 경우도 있습니다. 예를 들어, 스마트폰과 관련해서는 심리학회의 학회지보다 신문방송학이나 커뮤니케이션 관련 학회에 논문들이 훨씬 많습니다. 따라서 유관 학회지도 반드시 확인하셔야 합니다. 또 다른 실수는 저명한 해외 학회지에 최근 논문이 있음에도 불구하고 국내 학회지의 예전(5년이 넘은) 논문들만 정리하는 것입니다.

논문 요약 과정은 논문 학기가 되고 나서 하기보다는 평상시에 그때그때 정리하는 습관을 만들어 놓으면 좋습니다. 특정 논문에 대해서 제목, 저자 등을 정리해 놓는 것에 그치는 것이 아니라, 해당 논문을 읽으면서 느꼈던 통찰이나 향후 본인 연구에 적용 가능하거나 인용하고 싶은 내용들을 메모해 놓는 것이 좋습니다.

끝으로 이론적 배경을 글로 정리할 때, 여러 논문들을 한 단락씩 번역해서 연결시켜 놓는 것이 아니라, 본인의 연구에 맞춰 일정한 흐름과 논리를 가지고 인용해야 합니다. 그리고 아무리 출처를 표시했다고 해도, 다른 논문의 몇 문단 전체를 통째로 인용하시면 안 됩니다. 이러한 연구 윤리 부분에 대해서는 해당 전공의 학회 홈페이지에 가시면 상세한 가이드가 있으니까 꼭 참고하시기 바랍니다. 나중에 장관 청문회에 서고 싶은 분이라면, 더욱 더 신경 써 주시기 바랍니다.

또한 참고문헌을 인용하는 방법도 많이들 실수하는 부분인데, 이는 전공 분야를 대표하는 학회의 출판 규정을 확인해 보시기 바랍니다. 저자가 여러 명인 경우, 동일 저자의 논문이 여러 편 있을 경우, 번역서와 함께 표시해야 하는 경우 등 사소해 보이지만 꼭 지켜야 하는 규칙들입니다. 그리고 가장 빈번하게 발생하는 문제는 재인용 문제인데, 원칙적으로 재인용인데 인용처럼 하시면 안 됩니다. 즉, 내가 읽은 것은 A 논문이고, 그 A 논문에서 B라는 연구 결과를 보고 나서, 자기 논문에서는 B 논문을 직접 읽은 것처럼 쓰면 안 된다는 것입니다. 그럴 경우에는 "B, 2010; A, 2016에서 재인용"이라고 밝히셔야 합니다. 아주 불가피한 경우를 제외하고는 가능한 재인용이 많이 없는 것이 좋습니다.

돌아보기

잠깐 숨을 고르시기 바랍니다.

지금까지 이 책을 읽으면서 여러 가지 생각이 들었을 것입니다. 가장 대표적으로 머릿속에 떠오르는 느낌이나 생각을 3개만 적어 주시기 바랍니다. 박사과정 대학원생의 경우라면, 예전 석사논문 쓸 때를 회상해 보시는 것도 좋습니다. 그때 아쉬웠던 점이 무엇이었는지 생각해 보고, 몇 가지만 메모해 보시기 바랍니다. (석사논문을 처음 쓰는 분들은, 졸업한 선배들이 많이 했던 충고를 떠올리셔도 좋습니다.)

그때의 아쉬움 중에서 3가지만 이번에 개선해도 훨씬 더 좋은 논문을 쓸 수 있을 것입니다. 석사과정인 경우, 지금 적은 3가지만 잊지 않으셔도 논문의 완성도가 많이 좋아질 것입니다.

....

★ **질문 7** 지금까지 오면서 느낀 점 3가지만 쓴다면?

....

Sample 6 **이론적 배경**

1. 집단 따돌림에서 방관자 역할의 개념

집단 따돌림에 관한 초기의 선행 연구들은 가해자와 피해자에
초점을 맞추어 그들의 개인적 특성에 대해 탐색하거나 가해자
와 피해자를 대상으로 한 중재 프로그램과 관련된 연구들이 주
를 이루어 왔다. 그러나 1990년대부터 집단 따돌림을 가해자와
피해자 간의 관계뿐만 아니라, 사회적 관계를 기반으로 한 집단
적 특성을 지닌 현상(Lagerspertz, Bjorkqvist, Berts, & King, 1982)
으로 보는 접근이 강조되었고, 이후 많은 연구를 통해 주변 또래
의 행동이나 태도가 집단 따돌림의 지속 여부에 영향을 미치고
피해자의 추후 또래관계 적응과 관련이 있는 것으로 보고되면서

(Pozzoli & Gini, 2013; 신은경·강민주, 2014에서 재인용) 집단 따돌림 현상에서 주변인의 역할이 더욱 강조되고 있는 추세이다.

이와 관련하여 집단 따돌림을 집단 내 동조현상으로 이해한 여러 연구들(권재기, 2014; 심진숙, 2009; 김현주, 2003)에서는 집단 따돌림을 가해자와 피해자 간에 일어난 갈등이 아니라 학급 내 권력관계와 집단화에 의해 만들어진 규범과 동조 현상에 따른 결과물(권재기, 2014)로 보고, 이러한 현상을 통해 나타나는 다양한 역할자를 탐색하고 유형화하려는 시도를 계속해 왔다. 예컨대, Salmivalli와 동료들(1996)은 집단 따돌림 상황에서 가해자와 피해자 외의 다수의 학생집단을 동조자(assistants), 강화자(reinforcers), 방어자(defenders), 방관자(outsiders)의 4가지로 나누어 참여자 역할을 세분화하였다. 국내에서는 김현주(2003)가 가해자와 피해자를 제외한 집단의 대다수 학생들을 동조집단이라고 정의하고, 가해자 동조, 피해자 동조, 방관자 집단으로 동조집단을 유형화하여 각 집단의 특성을 탐색하였다.

이처럼 가해자와 피해자를 제외한 학생들을 보통 크게 방관자 또는 주변인이라고 명명하지만, 이 집단을 자세히 살펴보면 소극적 방관자부터 적극적 동조자까지 다양한 유형으로 세분화될 수 있음을 알 수 있다. 특히 집단 따돌림의 동조 행동에서 가장 높은 비율을 차지하는 방관자 행동은 가해자에게는 자신들의 따돌림 행위를 인정하는 것으로 받아들이게 하며, 피해자들에게는 따돌림 행위에 공모한 것으로 해석될 수 있다(신은경 외, 2014)는 점에서 집단 따돌림과 실제적인 관련이 있을 수 있으며 (Whitney & Smith, 1993), 그 존재 자체로 따돌림에 동조, 유지하는 역할을 하는 중요한 의미를 지니고 있는 집단으로 간주될 수 있다.

방관자 역할과 관련하여 권재기(2014)는 방관자 역할을 좀 더 세분하여 무관심 방관자(Unconcerned Bystander)와 자기방어 방관자(Self-defense Bystander)로 구분하여 탐색하였다. 무관심 방관자는 집단 따돌림이 발생했을 때 자기와 관계없다고 생각하며 내 일이 아니므로 개입하지 않고, 따돌림 상황에서 아무것도 하지 않는 유형을 말한다(이소희, 2003; Salmivalli et al., 1996). 자기방어 방관자는 집단 따돌림 상황에 개입하지 않고 모르는 척 자리를 피하는 집단으로(김현주, 2003), 피해자에 대한 지지를 어느 정도 가지고 있다는 점에서 무관심 방관자와 차이를 보인다. 자기방어의 태도는 피해자 편을 들어주거나 도움을 주고 싶은 생각도 있지만, 자기의 개입으로 상황이 악화되거나 자신이 다칠까봐 방관을 선택하는 것이라고 할 수 있다.

이와 같이 방관자 집단은 외현적으로는 동일한 방관자 행동을 나타낸다고 할지라도 행동선택의 원인이나 상황의 해석에 있어서 이질적인 특성을 보이는 집단으로 다시 구분될 수 있는 복합적인 특성을 지닌다. 이에 따라 본 연구에서는 집단 따돌림에서 방관자 역할을 무관심 방관자와 자기방어 방관자로 세분하여 이들의 방관자 행동에 영향을 미치는 개인적 특성에 대해 탐색해 보고자 한다.

2. 집단 따돌림에서 방관자 역할에 영향을 미치는 개인적 변인

집단 따돌림 참여자 역할과 관련된 학생 개인의 특성으로서 성별은 주요 변인으로 지적되어 왔다(Abada et al., 2008; Kaltiala-Heino et al., 2010; Malcolm et al., 2006; Pellegrini & Long, 2002). 일반적으로 남학생들은 집단 따돌림 상황에서 강화자나 동조자 역할을 더 많이 하는 반면, 여학생들은 방관자나 방어자 역할을 더 많이 하는 경향이 있다(Salmivalli et al., 1996)고 보고되고 있으나, 집단 따돌림 참여자 역할 수준에서 성차가 없다는 연구(신나민, 2012) 결과도 있으므로 이에 대한 일관성을 단정 지을 수는 없다. 집단 따돌림 동조 행동의 성차를 살펴본 연구들도 대체로 가해자 동조 집단은 남아의 비율이 높고 방관자 및 피해자 방어집단은 여아의 비율이 높았다는 연구(Menesini & Camodeca, 2008)가 많았지만, 집단 따돌림 동조 행동에서의 성차가 유의하지 않은 연구도 보고되었다(Barboza, Schiamberg, Oehmke, Korzeniewski, Post, & Heraux, 2009). 이처럼 집단 따돌림의 성차에 대한 비일관적인 결과와 남녀의 다른 사회화 과정 및 또래문화의 차이를 고려해 볼 때, 성별이 방관자 행동에 영향을 미치는지에 대해 살펴볼 필요성이 제기된다.

또한 또래가 주는 사회적 지지는 집단 따돌림과 가장 관련이 깊을 수 있다. 교실에서 상호적인 친구가 있는 아동이 친한 친구가 없는 아동보다 따돌림을 당하는 경우가 적었으며(Boulton et al., 1999), 집단 따돌림의 피해를 당하는 경우에도 친한 친구가 있는 경우에는 부정적인 영향은 감소된다고 보고하였다(Parker & Asher, 1993). 방관자들의 경우, 타인수용 능력의 결여로 친구의 고통에 둔감해지는 결과를 이끌 수 있다(이상미, 2008)는 결과와, 고민을 털어놓을 수 있는 친구의 수를 방관자 행동에 유의미한 영향을 미치는 변인으로 제시한 선행연구(류경희, 2006) 등을 고려할 때, 또래관계가 방관자 행동에 영향을 줄 수 있음이 시사된다.

한편, 서성식(1999)의 연구에서 따돌림 당하는 아이에 대한 느낌에 대한 질문에 '나도 따돌림 당할까 봐 불안한 마음이 든다'가 26.4%로 가장 높게 나타났으며, 국내 초·중·고등학생 5,530명을 대상으로 실시한 실태조사에서 괴롭힘을 방관한 이유 중 '다음 피해자가 될지 모른다는 두려움'이 30.6%로 가장 높았다(청소년폭력예방재단, 2013). 이러한 결과는 집단 따돌림 상황에서 자신도 따돌림 당할지 모른다는 과도한 불안감이 방관자 행동과 태도를 취하게 할 수 있음을 시사할 수 있으므로, 방관자 집단의 불안수준에 대하여 탐색해 보는 것이 필요할 것으로 여겨진다.

'내적 통제성'은 자신에게 일어나는 일을 우연이나 타인의 탓으로 돌리지 않고 자신의 통제하에 있다고 믿는 신념을 의미하며(Rotter, 1990), 자신의 행동과 이에 따르는 결과 간의 지각이기 때문에 개인의 적응, 대인관계, 동기 등 행동 전반에 영향을 미치는 변인이라고 할 수 있다(신은경 외, 2014). 집단 따돌림과 내적 통제성 간의 관계를 살펴본 선행연구에서 내적 통제성은 따돌림 행동과 관련이 있는 것으로 나타났다(Karatzias, Power, & Swanson, 2002; 성지희 · 정문자, 2007). 특히 중학생들의 방관적 태도를 살펴본 연구(이상균, 2000)에서 집단 따돌림의 원인을 피해자에게 돌릴수록 방관적 태도를 더욱 보이는 것으로 나타났으며, 집단 따돌림에 개입하지 않으려고 하는 아동들은 집단 따돌림 상황에 대해 가해자 및 피해자 탓을 하거나 어쩔 수 없는 상황 탓을 하는 경향을 보였다(한준상, 2002). 이와 같이 낮은 내적 통제성의 아동은 사건의 원인을 내적으로 추론하는 경향이 약하기 때문에, 집단 따돌림이 가해자에 의해 발생되는 사건이며 자신이 통제할 수 없는 상황이라고 인식하게 된다. 이러한 환경통제 및 자신의 문제해결력에 대한 낮은 믿음은 자신 또한 제2의 피해자가 될 수 있다는 두려움을 이끌어 집단 따돌림의 부당함을 보면서도 이를 방관하는 행동을 취하게 하는 것으로 추측해 볼 수 있다. 방관자적 행동의 이유가 가해자의 다음 공격 대상이 될 수 있다는 두려움이라는 조사결과(청소년폭력예방재단, 2012)를 통해서도 방관행동과 낮은 내적 통제성간의 관계를 추론해 볼 수 있으므로 이에 대한 탐색이 필요할 것으로 여겨진다.

방관자 집단과 그 역할에 영향을 줄 수 있는 개인적 변인들에 대해 충분히 문헌들을 탐색하고 구조화시켜서 제시하였습니다.

이론적 배경은 교과서가 아닙니다. 본인 연구에 직결되는 기존 연구들을 충분히 리뷰하고 이 연구가 왜 필요한지를 설득하는 지면입니다. 그런데 간혹 감정, 대인관계, 우울증 전반 등 너무 큰 주제들에 대한 리뷰로 시작하는 경우들이 있습니다. 그건 내 연구의 이론적 배경이 아니라 교과서의 챕터 구성입니다. 이론적 배경에서 언급되어야 하는 선행 연구들은 본인 연구와 어떻게 연결되는지, 그 연구의 한계는 무엇인지 등을 설명하는 것입니다.

인용 과정에서 형식적 실수들도 여전히 많지만, 가장 큰 문제는 연구자의 일관된 논리적 흐름 없이 선행 연구들만 잔뜩 나열 인용하는 것입니다. 그럴 경우 어떤 인용은 한 페이지를 넘기도 하고, 문체도 중간 중간 달라집니다. 이론적 배경에는 내가 전하고 싶은 5~10개의 핵심 메시지를 담고, 각 메시지마다 기존 선행 연구들로 근거를 뒷받침하는 작업임을 잊지 마셔야 합니다. 때로는 "이에 대해서는 이미 많은 연구들이 이루어졌다"고 써 놓고 어떤 연구들이 있는지는 전혀 언급하지 않거나 1~2개만 밝힐 때도 있는데, 그러지 않도록 주의해야 합니다.

9 │ 연구 방법은
어떻게 할까

연구 방법 설계하기

이제 드디어 본인의 연구 방법[7]을 설계할 시간입니다. 우선 표집(sampling)과 척도(scale)에 대해서 간단히 언급하겠습니다.

대부분의 연구자가 수행하는 연구는 모수(parameter) 통계에 기반한 추리 통계입니다. 비모수 통계도 최근 들어 종종 사용되고 있으나, 일단 논외로 하겠습니다. 추리 통계의 핵심은 표본의 임의

---

7 통계 분석에 관한 내용은 이 책의 핵심 주제가 아닙니다. 필요하다면 다른 통계 책이나 선배들의 도움을 받아야 합니다.

성(random sampling)입니다. 임의성이 확보되어야만 대표성을 가질 수 있기 때문입니다. 요즘은 조금 덜 하지만, 예전에는 아는 선후배의 대학 강의실에서 비공식적으로 설문을 실시하는 경우가 많았습니다. 연구 제목은 "한국 대학생의 ~~"이면서, 실제로는 1~2개 대학의 심리학 교양과목 수강생 몇백 명을 대상으로 설문 조사를 한다면, 대표성을 확보하기가 쉽지 않습니다.

　흔히 접할 수 있는 여론조사의 경우에는 대표성을 확보하기 위해서 각 시도별 인구를 반영하여 표본을 할당하는데, 표본이 500명 이하인 여론조사에서는 제주도가 포함되지 않는 경우가 많습니다. 왜냐하면 대략 우리나라 총 인구를 5000만 명 정도라고 한다면, 제주도 인구는 60만 명 정도에 불과하기에, 500명 표본에서는 5~6명밖에 안 되기 때문입니다.

　연구 주제가 정치사회적 이슈에 관한 것일 경우에 표본의 정치적 성향이 모집단에 비해 어느 한쪽으로 치우칠 경우에는 결과의 왜곡이 생기게 됩니다. 이 상황에서 필자의 경우에는, '바로 직전 대통령 선거 투표 응답'을 설문 문항에 추가해서 당시의 실제 투표

결과와 비교해 보는 방법을 사용한 적이 있습니다. 표본이 가진 정치사회적 성향을 '실제 투표 결과'(모집단의 정치사회적 성향)와 얼마나 비슷한지 여부를 간접적으로 체크한 것입니다.

간혹 공개된 온라인/오프라인 공간에 설문을 올려놓고 자발적인 참여를 통해 자료를 수집하는 경우도 있는데, 예를 들어 만일 연구 주제가 개인의 친사회성, 협조성, 자발성 등의 태도 관련 변수라면, 그 표본의 대표성은 훼손될 수밖에 없습니다. 그 많은 사람들을 중에서, 군이 설문에 자발적으로 응답한 사람들의 친사회성이 모집단에 비해 분명히 높을 것이기 때문입니다.

물론 100% 임의적인 데이터를 구하는 것은 불가능에 가깝겠지만, 연구자가 이리저리 고민해 보면서 대표성에 조금만 더 관심을 가져 주시기 바랍니다.

혹시 가능하다면 대학교 강의실 설문 방식 대신에, 인터넷 설문조사도 고려해 볼 필요가 있습니다. 빠른 시간에 자료 수집이 가능하다는 점과 비교적 대표성을 확보하기가 용이하기에, 그리고 알아 보면 학술 목적의 학위 논문 연구의 경우에는 비교적 싼 비용으로 처리할 수 있는 곳이 꽤 많이 있습니다.

두 번째로, 많은 연구가 외국에서 만든 척도를 측정 도구로 사용하여 자료를 수집하게 되는데, 이때 좋은 척도의 기준은 '표준화된 척도'입니다. 표준화되었다는 것은 한국어로 올바르게 번역되었고, 표준적인 절차와 채점 방식이 있고, 전국 규준(norm)을 가지고 있다는 것입니다. 사실 그런 척도는 많지 않습니다. 그렇다면 표준화까지는 아니더라도, 최소한 국내 타당화 연구가 된 척도를 사용하시는 것이 좋습니다. 본인이 처음으로 발견해서 번역해 연구에 사용하기 위해서는 정말 해야 할 일이 아주 많습니다. 그럴 경우라면 일차적으로 척도 타당화 연구를 먼저 하고 나서, 그 이후에 그

척도를 실제 적용해 보는 것을 추천합니다. 외국에서 만들어진 척도가 국내에서도 동일한 하위 구조나 관계가 나오지 않는 경우도 많기 때문입니다.

설문지를 만들 때의 주의점

다른 연구자가 이미 만들어 놓은 척도 말고, 연구자가 몇 문항을 만들어서 설문지에 추가할 경우도 있습니다. 모든 설문 문항은 MECE해야 합니다. MECE는 '서로 배타적이면서, 부분의 합이 전체를 구성하는(mutually exclusive, collectively exhaustive)' 것을 의미하는데, 이런 이유로 설문 문항의 보기 마지막에 '기타: _____ '라는 항목이 있습니다. 하지만 기타에 체크하고 굳이 주관식 응답까지 친절하게 쓰기를 응답자에게 기대하면 안 됩니다. '전체를 구성하는' 대표적인 보기는 꼭 포함되어야 합니다.

또한 A, B, C라는 3개 척도와 인구통계학적 정보로 이루어진 설문지에서, A, B, C 척도의 제시 순서가 영향을 줄 때도 있습니다. 그럴 경우에는 번거롭지만 설문지를 A-B-C, B-C-A, C-A-B 순서로 섞어서 3가지 버전의 설문지를 만들 수도 있습니다. 물론 이럴 경우라면 코딩할 때 훨씬 더 주의해야 합니다. 심지어 인구통계학적 정보를 설문 맨 처음에 묻는 것과 맨 마지막에 묻는 것도 고민해 보셔야 합니다.

설문 문항 제작 과정에서 나타나는 흔한 실수 중에, 나중에 실시할 분석 방법을 고려하지 않고 문항을 만들 때도 있습니다. 예를 들면, 통계 분석할 때 중다 회귀분석을 사용할 생각인데 다음과 같이 묻는 것입니다.

노트북을 구입할 때 가장 중시하는 것은 무엇입니까?
① 성능   ② 가격   ③ 디자인   ④ 기타: _____

이렇게 되면 응답 결과는 범주 변수가 되어 버리므로, 연속 변수들을 대상으로 하는 회귀분석에 사용할 수 없게 됩니다. 이에 대한 간단한 해결책(하나의 예)으로는 위의 문항을 다음과 같이 수정하는 것입니다.

노트북을 구입할 때 각각의 요소들을 얼마나 중시하는지요?

	전혀 중시하지 않는다				매우 중시한다
① 성능	1 ------	2 ------	3 ------	4 ------	5
② 가격	1 ------	2 ------	3 ------	4 ------	5
③ 디자인	1 ------	2 ------	3 ------	4 ------	5

마지막으로 설문 문항을 5점 척도와 같이 홀수로 묻는 것과 4점이나 6점 척도와 같이 짝수로 묻는 것 역시 결과에 차이가 생깁니다. 짝수로 물을 경우 응답 시간이 조금 더 걸리게 되는데, 가운데의 '보통이다/중간이다'가 아니라 양쪽 편으로 갈라진 응답이 필요한 경우에는 짝수를 사용하는 것도 고려할 필요가 있습니다.

연구 대상

본 연구는 서울의 D 고등학교에 재학 중인 1학년을 대상으로 한 학급을 선정하여 설문지를 배포하고자 한다.

측정 도구

동조 행동 척도

청소년의 집단 따돌림 동조 행동을 구분하기 위하여 김현주 (2003)가 개발한 집단 따돌림 동조 집단 유형화 척도를 사용하고자 한다. 본 척도는 가해자 동조, 피해자 동조, 방관자의 세 가지 하위요인으로 분류되며, 가해자 동조 20문항, 피해자 동조 20

문항, 방관자 19문항의 총 59문항으로 구성된 자기보고식 척도이다. 가해자 동조 문항의 예로는 '따돌림 당하는 아이에게 아무 이유 없이 시비를 건다', '친구들이 다 하니까 나도 같이 따돌림 한다' 등이 있으며 피해자 동조 문항은 '따돌림 당해서 우는 아이를 달래준다', '따돌림은 옳지 못하다고 생각한다' 등이 있다. 또한 방관자 문항은 '따돌림을 하는 아이들의 보복이 두려워 가만히 있는다', '따돌림 상황에서 자기 할 일을 한다' 등이 있다. 본 척도는 '전혀 그렇지 않다(1점)'에서 '매우 그렇다(4점)'까지의 4점 Likert 척도로, 점수가 높을수록 각 하위 요인에 해당하는 동조 행동을 많이 보이는 것을 의미한다. 신은경과 강민주(2014)의 연구에서 살펴본 하위 요인별 내적 합치도 계수는 Cronbach's α는 가해자 동조 .91, 피해자 동조 .89, 방관자 .89 이었다.

불안척도

불안변인 측정을 위해 Reynolds와 Richmond(1978)가 개발한 Revised Child Manifest Anxiety Scale(RCMAS)을 최진숙과 조수철(1990)이 번안한 척도를 사용하고자 한다. RCMAS는 초등학교 1학년부터 고등학생까지 실시할 수 있는 총 37문항의 자기보고형 검사로, 9개의 허구문항과 28개의 불안문항으로 구성되어 있으며, '예', '아니오'의 2점 척도로 평정하도록 되어 있다. 점수가 높을수록 불안의 정도가 심한 것으로 해석된다. RCMAS의 내적 일치도 계수는 최진숙과 조수철(1990)의 연구에서는 .81로 나타났다.

내적통제성 척도

대상자의 내적 통제성 측정은 Nowicki와 Strickland(1973)의 아동용 통제소재 척도(A Locus of Control Scale For Children)와 Wellborn, Connell과 Skinner(1989)의 학생용 통제력 지각 질문지(The Student Perceptions of Control Questionnaire: SPOCQ)를 바탕으로 민하영(1999)이 제작한 내외 통제소재 척도를 사용하고자 한다. 본 척도는 내적 통제소재와 외적 통제소재의 두 가지 하위요인으로 구성되며, 총 20문항으로 이루어진 자기보고식 척도이다. 내적 통제소재 문항의 예로는 '학교생활을 잘하는 것은 내가 어떻게 행동하느냐에 달려 있다', '친구가 내 말에 따라 행동하도록 만드는 것은 쉬운 일이다' 등이 있으며, 외적 통제소재 문항의 예로는 '나와 다른 친구의 생각을 바꾸는 것은 대체로 어렵다', '무슨 일이 잘못되었을 때, 그것을 바로잡기 위해 내가 할 수 있는 일은 거의 없다' 등이 있다. 각 문항의 응답방식은 '그렇지 않다(1점)'에서 '그렇다(4점)'까지의 4점 Likert 척도로, 전체 문항의 점수가 높을수록 내적 통제 성향이 높은 것을 의미하도록 하였다.

또래 지지 척도

본 연구에서는 또래지지의 정도를 측정하기 위하여 박지원(1985)의 사회적 지지 척도를 김승미(1998)가 수정 보완하는 작업을 거친 후 정희선(2009)이 다시 수정한 척도를 사용하고자 한다. 해당 척도는 '나의 친구는 내가 사랑을 받고 있다고 느끼게 해 준다'와 같은 정서적 지지를 측정하는 7문항, '나의 친구는 내가 한 행동이 잘했는지 잘못했는지를 바르게 평가해 줄 것이다'와 같은 평가적 지지를 측정하는 6문항, '나의 친구는 나에게 생긴 문제의 원인을 찾는 데 도움이 되는 정보를 줄 것이다'와 같은 정보적 지지를 측정하는 6문항, '나의 친구는 내가 꼭 필요로 하면 돈이나 물건을 최선을 다해 마련해 줄 것이다'와 같은 물질적 지지를 측정하는 5문항으로 총 24문항으로 이루어져 있다. 각 문항에 따라 매우 그렇다(4점), 그런 편이다(3점), 그렇지 않은 편이다(2점), 전혀 그렇지 않다(1점)로 Likert 4점 척도로 채점되며, 점수가 높을수록 또래로부터 지지를 더 많이 받는 것을 말한다. 정희선(2009)의 연구에서 또래지지 척도의 신뢰도 계수 Cronbach's α값은 .90으로 나타났다.

분석방법

집단 따돌림에서 방관자 행동에 대한 성별, 불안, 또래지지 및 내적 통제성의 설명력을 알아보기 위하여 Pearson의 적률상관 분석 후 중다회귀분석을 실시한다. 또한 ANOVA를 활용하여 방관자 유형(무관심 방관자와 자기방어 방관자)에 따른 각 변인 간의 차이를 확인한다.

예상되는 결과

1. 청소년의 성별, 불안, 또래지지 및 내적 통제성은 집단 따돌림에서의 방관자 행동과 상관이 있을 것이다.
2. 남학생보다 여학생이, 불안이 높을수록, 또래지지가 낮을수록, 내적 통제성이 낮을수록 방관자 행동을 더 많이 나타낼 것이다.
3. 무관심 방관자와 자기방어 방관자 집단 간에는 성별, 불안, 또래지지 및 내적 통제성의 차이가 있을 것이다.

피드백

측정 도구의 출처와 구성을 정확히 밝히고, 예상되는 결과를 구체적으로 정리했습니다.

연구 방법에서 가장 기본적인 실수는 본인의 연구 문제에 적절한 연구 방법을 결정하지 못하는 것입니다. 이건 논문학기 이전에 선행되어야 할 과정인데, 의외로 많은 대학원생들이 이전에 배웠던 통계 연구 방법 지식을 자신의 연구에는 전혀 적용하지 못합니다. 통계를 책으로만 배우고, 왜 그 기법을 사용하며 어떻게 적용해야 하는지에 대해선 고민하지 않았던 것이지요.

반대로 본인이 직접 분석할 역량은 안 되면서 최근 학회지에서 유행하고 있는 최신 통계 기법을 총동원하겠다는 경우도 있습니다. 조절 효과, 매개 효과만으로도 어려운데, 조절된 매개 효과, 매개된 조절 효과를 분석하겠다고 하면서, 정작 구체적인 내용은 모르는 것이지요. 그건 나중에 어떻게든 가능하겠지, 혹은 이렇게 복잡한 통계를 사용하면 심사위원들이 통과시켜 주시겠지, 하는 허황된 생각을 하는 것입니다.

하지만 연구 방법의 원칙은, 가장 간단한 수준에서 확인할 수 있는 것이 있을 때 조금 더 복잡한 통계기법을 적용해서 미처 발견하지 못한 것들까지 추가로 찾아낸다는 것입니다. 가장 간단한 빈도, 평균, 차이검증, 상관관계, 산포도 등도 체크하지 않은 상황에서 복잡한 통계기법으로 승부를 보려고 하면 안 됩니다.

세 가지 당부

연구 방법과 관련해서, 선배 연구자로서 세 가지만 당부 드리고자 합니다.

① 사전 인터뷰와 사전 조사를 실시하라

힘들지만 자신의 연구 주제와 관련된 인터뷰를 해 보시기를 권합니다. 많은 인원이 필요하진 않고 3~5명 정도면 충분합니다. 형식은 자유 인터뷰. 본인의 연구 주제와 관련해서 (내가 듣고 싶은 이야기를 듣는 것이 아니라) 상대방의 있는 그대로의 이야기를 들어 보는 것이 중요합니다. 연구자인 본인 생각과 전혀 다를 수도 있습니다.

또한 사전 조사를 실시하시기 바랍니다. 모든 준비가 되었을 때 곧장 본 조사로 들어가지 말고, 실험이건 설문이건 10~20명 정도만이라도 파일럿 사전 조사를 실시해 보면 미처 몰랐던 허점들이 발견됩니다. 설문지의 오타부터 시작해서, 연구자인 나에게는 당연하지만 응답자 입장에서는 이상한 부분, 응답 결과를 보니까 전혀 변량(variance)이 발생하지 않는 변수 등을 확인해서 정리해 보시는 것이 중요합니다.

사전 인터뷰와 사전 조사를 하려면, 예상했던 연구 일정보다 2~3주 정도 미리 준비해야 합니다. 사전 인터뷰와 사전 조사가 있었던 연구와 그렇지 않은 경우는 많은 차이가 생기게 됩니다.

② 설문지를 작성할 때 미리 분석 리스트를 작성하라

설문지를 만들 때 조금만 더 고민해야 합니다. 이것저것 다 집어넣고 뭔가 하나는 걸리겠지 식으로 만들면 안 됩니다. GIGO라는 표현이 있습니다. Garbage In Garbage Out! 초보 연구자 입장에선 일단 뭐든 집어넣고 나서 다이아몬드가 나오기를 기대하기 쉽습니다. 하지만 쓰레기를 넣으면, 쓰레기가 나올 뿐입니다. SPSS는 인공지능 알파고가 아닙니다.

또한 특정 개념을 측정하기 위해서 (나중에 분석하고 나서 제일 괜찮은 결과가 나온 척도를 선택할 목적으로) 비슷한 몇 개 척도들을 다 물어 보는 바람에, 설문지 분량이 20장을 넘어가게 만드는 경우도 있습니다. 응답자는 천사가 아닙니다.

　설문지를 보면, 그 사람이 얼마나 연구에 대해 고민을 했는지 알 수 있습니다. 대표적인 실수 중에 분석에 전혀 사용하지도 않을 인구통계학적 정보를 물어 보는 것도 있습니다. 선배들의 설문지 파일을 받아서 그대로 카피하다가 생기는 문제들이지요.

　"자료 수집하고 통계 분석해 봐야 결과를 알겠지"가 아니라, 분석 이전에 어떤 자료를 어떤 식으로 분석하고 어떤 결과가 나오리라 예상하는지 리스트를 만들어 보시기 바랍니다(Sample 7의 마지막 부분 참고).

　결과가 예상대로 나오지 않아도 상관 없습니다. 이런 작업을 통해 연구 머리 속에서 연구 전체 설계와 구조에 대해서 멘털 시뮬레이션(mental simulation)을 해 보는 것이 의미가 있습니다. 그 작업을 하다 보면, 본인이 미처 생각하지 못한 난점이 발견되기도 합니다.

　그러고 나서 실제 자료를 모으고, 리스트에 있는 순서대로 분석을 진행하시는 것입니다(다음 Sample 8 참고). 이런 작업이 번거롭게 느껴질 수 있지만, 그때그때 떠오르는 대로 분석하다가 보면, 나중에는 이미 했던 분석을 다시 하고 있을 때도 있고, 정작 중요한 분석을 빼먹는 경우도 생깁니다.

집단 따돌림 현상에서 방관자 집단의 개인적 특성에 관한 연구: 성별, 내적통제성, 불안을 중심으로

〈표본의 인구통계적 특성〉

구분		빈도수(명)	구성비율(%)
성별	남	21	25.0%
	여	63	75.0%
학업성취 정도	못하는 편	26	31.0%
	보통	49	58.3%
	잘하는 편	9	10.7%

〈척도별 내적 합치도 계수〉

척도	하위요인	Cronbach's α
내적 통제성	내적 통제	.72
	외적 통제	.73
불안		.77
동조행동	가해자동조	.92
	피해자동조	.90
	자기방어 방관자	.89
	무관심 방관자	.78

〈방관자 행동과 성별, 내적 통제성, 불안과의 상관분석 결과〉

		표준오차	β	t값	유의확률	공차한계
방관자행동	Pearson 상관계수	1	.257*	-.091	-.215*	
	유의확률(양쪽)		.018	.409	.050	
	N	84	84	84	84-	
성별	Pearson 상관계수	.257*	1	.026	-.125	
	유의확률(양쪽)	.048		.813	-258	
	N	84	84	84	84	
내적 통제성	Pearson 상관계수	-.091	.026	1	-.164	
	유의확률(양쪽)	.409	.813		-136	
	N	84	84	84	84	
불안	Pearson 상관계수	-.215*	-125	-.164	1	
	유의확률(양쪽)	.050	.258	.136		
	N	84	84	84	84	

* 상관계수는 0.05 수준(양쪽)에서 유의합니다.

〈방관자행동에 대한 성별, 내적 통제성 및 불안의 중다회귀분석 결과〉

종속변수	독립변수	표준오차	ß	t값	유의확률	공차한계
방관자 행동	상수	.584	-	5.352	.000	-
	성별a	.096	.234	2.213	.030	.984
	내적 통제성	.159	-.131	-1.234	.221	.973
	불안	.185	-.207	-1.931.	.057	.958
	R=.342, R²=.117, 수정된 R²=.084, F=3.523, p=.019, Durbin-Watson=1.920					

a. 남성=0, 여성=1로 코딩하였음.

- 방관자 행동을 종속변인. 성별, 내적 통제성, 불안을 독립변인
  으로 한 회귀모형은 F=3.523, 유의확률은 .019(p<.05)로 나타
  났으므로, 회귀선이 모델에 적합한 것으로 나타났다.
- 공차한계는 모두 0.1 이상의 수치를 보이기 때문에 독립변인
  간의 다중공선성에는 문제가 없는 것으로 나타났다.
- 성별에 관한 가설, 즉 '남학생보다 여학생이 방관자 행동을 더
  많이 나타낼 것이다'는 채택되었다(t=2.213, p=.030).
- 내적통제성에 대한 가설, 즉 '내적 통제성이 낮을수록 방관
  자 행동을 더 많이 나타낼 것이다'는 기각되었다(t=-1.234,
  p=.221).
- 불안에 대한 가설, 즉 '불안이 높을수록 방관자 행동을 더 많
  이 나타낼 것이다'는 기각되었다(t=-1.931, p=.057).
- 성별만이 방관자 행동을 예측하는 유의한 변인으로 나타났
  다.

피드백

분석 시나리오에 따라, 기본적인 분석들을 순서대로 진행하고,
분석 결과에서 핵심 내용을 잘 제시했습니다.

수업의 이 시점에서 각자 파일럿 자료를 구하고 기본 통계 분석을 마쳤을 때, 대학원생들이 가장 많이 언급했던 내용들은 다음과 같습니다. 여러분들은 동일한 우(愚)를 범하지 않으시기를 빕니다.

- 설문 모으기가 생각보다 어렵다.
- 자기 보고식 설문 진행 쉽지 않다.
- 응답자들이 설문 내용을 잘 이해 못 한다(설문지 가독성이 높아야).
- 온라인 조사도 간단치 않다.
- 응답자 무선 표집이 정말 쉽지 않다.
- 자료 수집 기간이 촉박하다.
- SPSS 등 프로그램 다루는 것 자체가 익숙지 않았다(따라서 분석 과정이 잘못되었을까 두려웠다).

- 결과가 예상 밖이다, 애초 예상과 전혀 다른 결과가 나왔다.
- 당연히 별이 뜰 줄 알았는데, 하나도 안 떴다.

- 결과를 보고 나니까.
- 내가 제대로 아는 것인가 싶다.
- 이게 얼마나 현실을 반영하는지 의문이 생겼다.
- 그동안 내가 모르고 그냥 쓰고 있었구나 하는 생각이 들었다.

- (설문 제작, 자료 수집, 자료 코딩, 통계 분석, 해석 모두) 총체적 난국이었다.

③ 본인에게 무슨 의미가 있는지를 잊지 마라

반복해서 강조하는데, 중요한 것은 본인이 과연 무엇을 하려는 것인지, 이게 왜 중요한지, 자신에게 어떤 의미가 있는지를 상기하는 것입니다. 그 기준은 바로 서론의 마지막 문장이었던 연구 문제입니다.

실험자(연구자)는 모름지기 자신이 수행하는 실험(연구)에 대한 명확한 아이디어가 있어야 하며, 어떠한 제한점이 있는지 등을 누구에게나 말할 수 있어야 한다. 요인, 요인 수준, 반응 값의 선택에 있어서는 경험적이며 비통계적인 지식이 필수적이다. 결과 해석 역시 통계분석에만 의존할 필요가 없다. 복잡하고 정교한 실험과 고차원적인 분석법을 사용하는 것이 반드시 바람직하지는 않다. 실험계획과 분석은 간단하면 간단할수록 최상이라 할 수 있다. 실험이 복잡하면 결과 해석이 더 어려워지고 적합한 통계분석법이 존재하지 않는 경우가 많게 된다. 통계학이 절대 만병통치약은 아니다(성내경, 1997).

물론 다소 복잡한 방법을 사용하면 멋있어 보이는 것도 사실입니다. 때로는 지도교수님이 그런 방법을 선호하실 경우도 있습니다. 하지만 간단한 통계 분석으로 유의미한 결과가 나오지 않는데, 복잡한 통계 분석을 사용하여 별이 뜨게 만드는 것은 조심해야 합니다.

이쯤에서 다시 한 번, 본인의 연구 문제를 확인해 보시기 바랍니다. 혹시 독립변수와 종속변수를 서로 바꾸어도 별 문제 없이 보인다면, 아직까지 본인이 현상에 대해서 충분히 검토하지 않은 것입니다.

매개 변수나 조절 변수를 사용한 연구 문제의 경우에, 매개 변수나 조절 변수를 독립변수와 바꾸어도 문제가 없다면, 아직까지 이론적 리뷰가 덜 된 것입니다. 연구 문제는 자기 연구의 출발점이자 종착점입니다. 이래도 저래도 별만 뜨면 된다는 생각은 지극히 위험합니다.

　　구조방정식 모형이 한창 유행하던 시절에는 심지어 관련 변수들을 몽땅 모형에 포함시켜 놓고, 구조방정식 프로그램이 추천하는 대로 모형을 수정해서(변수의 위치를 바꾸거나, 없던 인과관계를 만들거나 등) 연구 모형을 설정하는 경우들도 있었습니다. 그렇다면 그 논문은 연구자가 쓴 것일까요? 아니면 통계 프로그램이 쓴 것일까요?

　　더군다나 구조방정식 모형이나 매개 모형에 대한 검증은 모형 그 자체의 진위에 대한 것이 아니라, 모형이 맞다는 전제 하에 각 인과관계의 통계적 수치를 산출한 것이라는 점을 잊지 마시기 바랍니다. 연구 결과의 타당성은 연구자가 만드는 것이지 통계 프로그램의 몫이 아닙니다.

10 | 연구 결과를 학술 연구에 맞게 정리하기

결과 정리에서 주의할 점

구슬이 서 말이라도 꿰어야 보배이듯이, 아무리 연구를 잘 수행했어도 결과 분석을 잘못하거나 결과 제시 방법이 잘못되면 소용이 없습니다.

관련해서 세 가지만 당부하겠습니다.

① 코딩과 데이터 파일을 제대로 만드는 데 집중하라

연구자들은 자료가 모이면 빨리 코딩해서 곧장 분석을 하려고 합니다. 하지만 더 중요한 것은 그 전 단계입니다. 먼저 코딩. 설문지를 받은 후에 코딩에 각별히 신경 쓰셔야 합니다. 코딩이 잘못되면 그 이후의 모든 과정은 수포로 돌아갑니다. 한참 분석하다가 나중에 코딩 에러가 발견되었을 때의 그 좌절과 허무함이란 경험하지 않은 사람은 모릅니다.

간혹 코딩을 아르바이트로 맡기는 경우가 있는데, 가능한 본인이 직접 하시기 바랍니다. 코딩을 하다 보면 자료의 대략적인 상황이 눈에 들어 옵니다. 이때 극단치들, 즉 어떤 응답자가 모든 문항에 대해서 1, 1, 1, 1…로 응답했다든지, 아니면 조금 더 영악하게 1, 2, 3, 4, 5, 4, 3, 2, 1… 순으로 응답했다면, 당연히 자료에서 빼야 합니다. 잘못된 자료 1개가 수십 명의 온전한 자료를 손상시키게 됩니다. 그런데 그것이 코딩 에러였다면? 예를 들어서, 5점 척도일 경우에는 1을 4로, 2를 5로 잘못 코딩하는 경우가 있습니다. 왜 그럴까요? 그것은 키보드의 오른쪽 숫자패드에 비밀이 있습니다. (하지만 현실에 존재하는 극단치라면 함부로 삭제하시면 안 됩니다.)

코딩이 일단 끝나고 나서, 가장 먼저 하실 일은 전체 변수들에 대해서 빈도 분석 결과를 확인하는 것입니다. 만일 보기가 1~5번까지밖에 없었는데 다른 번호가 있다거나, 연령을 쓰는 칸에 누군가 출생연도를 적어 놓고 코딩하는 사람은 그것을 그대로 타이핑하는 경우도 종종 있습니다.

코딩이 마무리되었으면, 곧장 분석으로 직행하지 말고, 데이터 파일을 꼼꼼하게 정리하시기 바랍니다. 잘못된 응답치를 제거해야 하기도 하고, 설문지의 하위 영역별로 응답을 합산하기도 하고, 어떤 문항들은 리코딩(recoding)해야 하기도 합니다. 이 모든 과정을 꼼꼼하게 기록하면서 최종 데이터 파일을 만드시기 바랍니다.

연구를 한창 하고 있을 당시에는 따로 기록하지 않아도 그 변수가 무엇인지 알 수 있지만, 불과 몇 달만 지나도 변수 이름이 제대로 기록되어 있지 않으면 그 변수가 도대체 무엇이었는지 생각이 나지 않습니다. 따라서 변수 이름, 리코딩, 합산 점수, 변형 점수, 케이스 삭제 등 모든 상황을 별도의 작업 일지에 기록하는 것이 중요합니다.

대학원생 머피의 법칙 중에 "노트북은 논문을 쓰는 도중에 고장난다"는 말이 있습니다. 논문 학기에 여러분의 노트북도 태어나서 가장 많은 고생을 하고 있을 것이기 때문입니다. 반드시 수시로 작업 파일 백업을 받으시기 바랍니다.

② 산포도와 상관행렬을 주의 깊게 살펴 보라

분석에 앞서, 연구에서 가장 중요한 2~3개 변수의 산포도 (scatter-plot)를 확인해 보시기 바랍니다. 만일 예를 들어, 두 변수 사이의 산포도가 아래와 같다면, 이는 관계가 있는 것일까요? 이런 꺾어진 U자 곡선 형태의 관계는 심리학 연구에서 심심찮게 있습니다. 이때 (두 변수 사이의 선형적 관계의 강도를 나타내는) 상관계수는 0입니다. 따라서 선형적 관계는 없기 때문에, 어떤 회귀분석을 해도 통계적으로 유의미한 결과가 나오지 않습니다. 하지만 곡선적

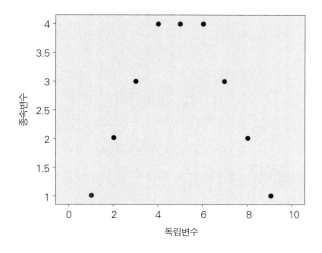

관계는 분명히 존재합니다. 이 경우 독립변수를 상하 두 수준으로 나누면 됩니다. 물론 이러한 과정은 통계 프로그램이 아닌, 연구자가 눈으로 직접 보고 하셔야 하는 것입니다.

더군다나 우리가 사용하고 있는 모든 통계 방법론은 기본적으로 변수들이 정상분포한다는 가정에 근거하고 있습니다. 그런데 만일 자신의 연구에서 중요한 종속변수가 정상분포에서 많이 벗어나 있다면 그 이후의 어떠한 분석도 유의미하게 나오기 쉽지 않습니다. 따라서 분석에 앞서, 주요 변수들에 대한 히스토그램 (histogram)을 아래와 같이 확인할 필요도 있습니다. 정상분포 기준선에서 얼마나 벗어났는지 눈으로 직접 확인하는 것입니다.

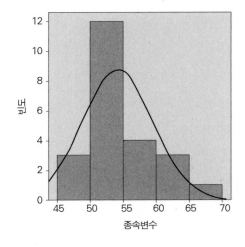

물론 통계 분석이 불가능할 정도로 정상분포에서 벗어나는 일이 많지는 않습니다. 하지만 너무 벗어났고, 그 상태로는 통계 분석 결과가 유의미하지 않을 경우에는, 원래 자료를 정상분포화시켜 주는 공식들이 있기에, 그것을 적용해서 수정 데이터를 가지고 분석할 때도 있습니다. 그럴 경우에는 반드시 본문에 그 사실을 밝혀야 합니다. (물론 이런 작업을 안 하는 것이 가장 좋습니다. 데이터에 연구자가 손을 대지 않는 것이 정석입니다.)

또한 주요 변수들 사이의 상관계수 행렬표를 산출해서 눈으로 보시기 바랍니다. 모든 변수들 사이의 상관이 다 높다면, 어떤 단일 원인이 존재하고 있을 수도 있습니다. 가장 좋은 상황은 연구 문제에 따라 상관계수가 높을 곳은 높고 낮을 곳은 낮게 나오는 것입니다. 그리고 이때, 상관 분석에서 별이 떴는지 여부가 아니라, 상관계수의 절댓값에 주목하셔야 합니다. 표본이 커지면 상관계수가 0.2밖에 안 된다 하더라도 별이 뜨게 되어 있습니다. 하지만 상관계수 0.2의 현실적인 의미는 그리 분명하지 않습니다.

연구를 하다 보면 맹목적으로 '별이 뜨는 것'(영가설 기각, 통계적 유의미성)에만 관심을 가지게 되는데, 유의확률 못지않게 통계량 그 자체에도 관심을 가지는 연습을 하시면 좋습니다. 또한 최근에는 통계적으로는 유의미하지만 현실적인 설명력이 너무 낮은 상황을 확인하기 위하여, p 값 이외에 설명력(ANOVA에서는 η^2, 회귀분석에서는 R^2, 요인분석에서는 eigen-value 등)을 반드시 보고하도록 되어 있습니다.

③ 출판 규정집을 꼼꼼하게 읽어라

앞서도 언급했지만, 출판 규정집을 꼼꼼하게 숙독하시기 바랍니다. 본인이 속한 학회에서 나온 규정집을 보시면 됩니다. 아니면 APA 규정집을 보셔도 됩니다. 논문에서 문장의 서술 방법, 결과를 제시할 때 주의할 점 등에 대해서 아주 자세하게 써 있습니다. 몇 가지만 예를 들면 아래와 같습니다.

통계치는 이탤릭으로 표시한다.
표에는 세로줄이 없다.

그림 제목은 그림의 아래, 표 제목은 표의 위에 위치해야 한다.

2-way ANOVA 분석에서 상호작용 효과가 유의미할 경우에 그림으로 표시한다.

모든 표와 그림에 대한 설명은 본문에 있어야 한다.

여기까지 끝나고 나면, 이제 비로소 통계 분석을 위한 준비가 끝난 것입니다. 앞서 정리해 본 분석 리스트에 따라서 하나씩 분석해 나가시기 바랍니다.

그리고 분석 결과는 따로 저장하고, 결과 칸에 기본적인 분석 제목을 기록해 놓으시기 바랍니다. 안 그러면 나중에는 이게 무슨 분석이었는지 본인도 헷갈려서 다시 하게 됩니다.

인구통계학적 정보의 의미

많은 경우 연구 결과를 본격적으로 제시하기에 앞서, 인구통계학적 정보를 습관적으로 보여 주는 데 그치곤 합니다. 하지만 인구통계학적 정보는 나름 중요한 의미가 있습니다.

먼저 이번 연구에서 사용된 자료의 특징을 밝히는 것입니다. 자료가 적절하지 않으면 그 이후의 모든 과정은 무용지물이기에, 이번 자료가 해당 연구에 적절한지 명시하는 것입니다.

또한 중요한 종속 변수에 대해 차이 검증을 통해 인구통계학적 정보(성별, 연령별)에 따른 차이는 없고, 연구에서 설정한 독립 변수에 따른 차이가 있다는 점을 보여 줄 수 있으면 최상입니다. 반면 인구통계학적 집단에 따른 차이가 통계적으로 유의미하다고 하더라도, 그것만으로는 설명하지 못한 현상을 본인이 설정한 독립 변수에 의해 설명할 수 있으면 그것도 좋습니다. 최악의 상황은 인구통계학적 집단에 따른 차이는 통계적으로 유의미한데, 본인 연구에서 설정한 변수들에 의한 차이는 유의미하지 않게 나오는 것입니다. 따라서 인구통계학적 정보는 본인 연구를 이륙하기 전에 거쳐야 하는 사전 검색대 같은 역할을 합니다.

나아가 주제를 정하고, 자료를 모으고, 통계 분석까지 했는데 분석 결과가 (연구자의 기대만큼) 유의미하게 나오지 않는 경우가 있습니다. 여러 가지 원인이 있을 수 있지만, 우선 "연구하고자 하는 현상이 불분명"했을 수 있습니다. 이건 종속변수의 문제겠지요. 반대로 "독립변수가 부적절"했을 수도 있습니다. 종속변수에 영향을 미치기는 하지만 매우 미미한 설명력을 가지는 경우입니다. 이런 두 가지 경우에는 연구 주제 선정에서부터 다시 검토하셔야 합니다.

이와 달리, 변수 선정에는 문제가 없는데 "측정이 부적합"했을 수도 있습니다. 연구자가 선정한 척도가 원래 변수의 속성을 잘 반영하지 못한다든지, 문화적 맥락의 차이가 있다든지 하는 경우가 있습니다. 마지막으로 "표본의 크기"가 너무 작아서 유의미하지 않게 나올 수도 있습니다. 이상의 모든 불상사를 방지할 수 있는 방법은 사전 조사를 먼저 해 보고 본 조사를 하시는 것입니다.

| Sample 9 | 연구 결과 |

1. 성별에 따른 측정 변인의 차이

구체적 연구문제의 분석에 들어가기에 앞서, 연구 변인들에 대한 일반적인 경향을 살펴보고자 본 연구 대상 청소년의 집단 따돌림 방관자 행동, 내적 통제성, 불안에 대한 평균과 표준편차 및 성별에 따른 차이를 살펴보았다. 그 결과, 방관자 행동은 남학생이 2.24점, 여학생이 2.47점을 보이며 성별에 따른 유의한 차이를 보였다($t=-2.406, p<.05$). 한편, 내적 통제성은 남녀 각각 2.59점과 2.61점의 문항 평균 점수를 보였으며, 성별에 따른 차이는 나타나지 않았다. 불안의 경우에도 남녀 두 집단 간 점수에 성별에 따른 차이는 보이지 않는 것으로 나타났다.

⟨표 1⟩ 성별에 따른 측정 변인들의 평균, 표준편차 및 t 검증 결과 (N = 84)

구분	남(n=21)	여(n=63)	t	p
	평균(표준편차)			
방관자 행동	2.24(.42)	2.47(.37)	-2.406	.018*
내적통제성	2.59(.27)	2.61(.26)	-.237	.813
불안	.42(.24)	.41(.21)	.099	.921

*$p<.05$

2. 성별, 내적 통제성 및 불안이 집단 따돌림 방관자 행동에 미치는 영향

청소년의 성별, 내적 통제성 및 불안이 집단 따돌림 방관자 행동에 미치는 영향력을 파악하기 위하여 방관자 행동을 종속변인으로 한 중다회귀모형을 분석하였다. 그 결과, 성별, 내적 통제성 및 불안을 독립변인으로 한 회귀모형이 통계적으로 유의하였으며($F=4.727, p<.05$), 공차한계는 1.0에 가까운 것으로 나타나 독립변인 간의 다중공선성에는 문제가 없음을 확인하였다. 구체적으로 살펴보면, 독립변인 중 내적 통제성을 제외한 성별과 불안이 방관자 행동을 예측하는 유의한 변인으로 나타났다. 즉, 불안이 높을수록, 남학생보다 여학생이 방관자 행동을 더 많이 보이는 것으로 나타났다.

〈표 2〉 방관자 행동에 대한 성별, 내적 통제성 및 불안의 중다회귀분석 결과

종속변수	독립변수	표준오차	ß	t값	유의확률	공차한계
방관자 행동	상수	.411	–	6.070	.000	–
	성별[a]	.094	.263	2.550	.013	.999
	내적 통제성	.155	-.118	-1.146	.255	.994
	불안	.182	.275	2.658	.009	.994

R = .388, R^2 = .151, 수정된 R^2 = .119,
F = 4.727, p = .004, Durbin-Watson = 1.912

a. 남성=0, 여성=1로 코딩하였음.

피드백

연구 결과를 출판 규정에 맞춰 잘 정리했습니다.

이런 실수를 피하자!

결과를 정리할 때 초보 연구자들이 보이는 흔한 실수는, 검증 결과과 통계적으로 유의미하게 나오지 않았는데도 미련을 못 버리고 호소하고 우기는 모습입니다. "통계 검증 결과 ~은 유의미하지 않았지만, 평균값을 보면 다소 차이가 있음을 알 수 있다"라고 굳이 언급하기도 합니다. 다 부질없는 짓입니다. 통계적으로 유의미하지 않았으면 "유의미하지 않았다"고 쓰면 끝입니다. 정말 하고 싶은 말이 있으면 그건 논의 부분에서 언급할 수 있지만, 결과에서 그런 진술은 적절하지 않습니다.

또 다른 대표적인 실수는 (형식적인 측면에서) SPSS에서 나온 결과표를 그대로 '복사+붙여넣기'하는 것입니다. 해당 학문 분야마다 결과 표를 제시하는 양식은 정해져 있기에 그 양식에 맞춰 편집하셔야 합니다. 아울러 편집한 표 역시 가장 이해하기 쉬운 형태로 제시하는 것을 고민해야 합니다. 표 하나가 여러 페이지에 걸쳐 제시되면 독자가 이해하기 어렵습니다. 때로는 동일

한 회귀분석 결과표인데도 매번 형식이 다르게 제시되는 경우도 있습니다. 그러면 본문에 있는 내용을 읽고 이해하려고 하기도 이전에, 연구의 신뢰도에 큰 타격을 받게 되겠지요.

11

다시 읽고
논의 부분을 작성하기

출발점을 생각하며 논의 작성하기

결과 분석과 결과 제시가 끝났다면 이제 잠시 숨을 고르시기 바랍니다. 밥을 짓는 것으로 비유하자면 뜸을 들이는 시간이 필요합니다.

앞에서 자신이 어떤 이유로 이 연구를 시작하게 되었는지 생각을 정리했고, 그래서 구체적으로 주제를 잡아서, 분석을 거친 후, 어떤 결과가 나왔습니다. 이제 다시 처음 출발점을 떠올려 주시기 바랍니다. 자신이 이 연구를 수행하기 전에 비해서, 그 현상에 대해서 더 나은 이해를 하게 되었는지, 예상대로 나온 것은 무엇이고 예상과 다른 것은 어떤 것인지, 그런 내용을 충분히 머릿속에서 숙성시킨 후에 논의 부분을 쓰시면 됩니다.

먼저 연구 결과를 요약합니다. 바로 앞에 있는 '연구 결과' 부분을 간단하게 핵심 위주로 서술하는 것입니다. '연구 결과' 부분을 '복사-붙여넣기'하는 것이 아닙니다.

그리고 나서 논의 부분을 작성하는데, 애초의 예상과 같은 점, 다른 점, 아쉬운 점 등을 자유롭게 서술하시면 됩니다. '이론적 배경부터 연구 결과'까지는 학술 연구 논문에서 정해져 있는 형식에 맞춰 정형적으로 서술하는 지면이라면, 논문 전체를 통해서 연구자가 가장 자유롭게 서술할 수 있는 지면은 논의 부분입니다. 좋은 논문은 논의 부분의 내용이 풍성합니다. 반면 현상에서 출발하지 않은 연구의 경우, 논의에 쓸거리가 많지 않습니다.

논의 부분의 내용을 조금 더 풍성하게 만들게 위해서 역발상을 해 보는 것도 좋습니다. 만일 연구 결과가 현재처럼 나오지 않고 반대로 나왔다면(물론 생각하고 싶지도 않은 상황이지만) 무슨 말을 할 수 있을까요? 그 답변들을 다시 뒤집으면, 본인의 논의 부분에 의외의 통찰들을 덧붙일 수도 있습니다.

★ **질문 9** 연구 결과가 지금과 반대로 나왔다면, 그것을 어떻게 해석해서 논의 부분에 언급할 수 있을까?

결과 요약과 논의 부분을 작성했으면, 맨 마지막에 연구의 제한점과 후속 연구를 위한 제안을 쓰면 됩니다. 종종 '연구의 제한점' 부분을 지나치게 자세히 서술한 논문들을 볼 때가 있습니다. "본 연구는 많은 한계가 있다, 표본이 작았다, 척도 타당화가 안 되어 있었다, 연령 집단이 다양하지 못했다, 다른 변수와의 관련성에 대해 충분히 검토하지 못했다, 한국 사회의 특수성을 고려하지 못했다, 따라서 후속 연구에서는 이러한 한계점들을 극복하였으면 좋겠다." 그리 자세히 한계점을 알았더라면, 미리 본인 연구에서 알아서 했었으면 하는 생각이 듭니다. 따라서 이 부분을 너무 길게 구태의연하게 쓰지 않기를 바랍니다.

이제 논문의 초고가 완성되었습니다.

본 연구는 청소년의 집단 따돌림 방관자 행동과 관련된 개인 내적 요인에 관심을 가지고, 고등학교 1학년 학생을 대상으로 성별, 내적 통제성 및 불안이 집단 따돌림 방관자 행동에 어떠한 영향을 미치는지 알아보고자 하였다. 연구 결과를 토대로 한 논의는 다음과 같다.

첫째, 성별에 따라 집단 따돌림 방관자 참여행동에 차이가 있는 것으로 나타났다. 남학생보다 여학생이 집단 따돌림에 대해 방관하는 행동을 더 많이 보인 본 연구의 결과는 남학생에 비해 여학생이 피해자 동조 행동과 방관자 행동을 더욱 많이 보이며, 피해자 동조와 방관자 집단에 여학생이 많다는 이전의 선행 연구 결과(엄명용·송민경, 2011; 서미정, 2008; Menesini & Camodeca, 2008; Salmivalli et al. 1996)와 일치한다. 이는 남녀에 따른 또래문화 특성의 차이에서 기인한 것으로 보인다. 여학생은 남학생에 비해 또래 집단의 규모가 작고(Mouttapa, Valente, Gallaher, Rohrbach, & Unger, 2004), 친소여부에 따라 정서적 결속력과 사적인 부분에 관여하는 정도가 다르기 때문에 (Maccoby, 2002), 집단 따돌림 상황에서 특정행동을 취할 때 피해자와의 친밀감 정도가 동조 행동에 영향을 미칠 것으로 예상된다. 또한 여학생은 남학생보다 또래집단의 문화에 더욱 많은 영향을 받고 또래들의 규범에 순응한다(Salmivalli & Voetem, 2004)는 결과를 나타낸 바, 이러한 특성이 집단 따돌림 상황에서의 방관행동과 관련이 있을 것으로 여겨진다. 실제 최기원(2012)의 연구에서는 학급 또래들이 피해자 방어행동을 지지한다고 지각할수록 여학생들이 피해자 방어행동을 더욱 많이 보였다. 이처럼 남학생에 비해 학급 내 맥락에 더 영향을 받으며, 또래관계에 민감한 여학생의 특성이 잘못된 또래규범에 대응하기보다는 회피하고 방관하는 행동과 관련될 수 있을 것으로 판단된다. 이와 같은 결과를 고려할 때, 성차를 반영한 집단 따돌림 예방 및 감소프로그램의 개발이 필요할 것으로 사료된다.

둘째, 불안이 높을수록 집단 따돌림에 대해 방관하는 행동을 더 많이 보이는 것으로 나타났다. 이는 집단 따돌림 상황에서 피해학생과 어울리게 됨으로써 자신의 지위를 상실하거나 또는 자신도 피해를 입게 될까 봐 또래폭력을 방관하거나 암묵적으로 묵인하는 태도를 보일 수 있다는 이전의 연구 결과(Batsche & Knoff, 1994)와 관련이 있을 것으로 여겨진다. 즉, 방관자 행동이 자신도 따돌림 받을지도 모른다는 과도한 불안감으로 인해 자기방어적 태도로 더욱 더 따돌림 상황에 무관심하게 개입하려 하지 않을 가능성을 반영한 것으로 사료된다. 이와 같이 불안이 집단 따돌림 방관자 행동에서 유의한 영향을 끼치는 변인으로 나타난 바, 방관자 행동 감소 프로그램의 적용에 있어 이들이 갖고 있는 불안을 잘 이해하고, 불안을 적절하게 다루고 관리할 수 있도록 도울 수 있는 개입이 필요할 것으로 여겨진다.

본 연구의 한계점과 향후 연구방향에 관해 살펴보면 다음과 같다.

첫째, 본 연구는 경기지역의 일부 고등학교 1학년 학생에 한해 표집이 이루어졌고 표본의 수가 충분하지 않기 때문에 본 연구 결과를 일반화하는 데에는 제한이 있을 것으로 여겨진다. 이후 연구에서는 보다 넓은 지역대의 다양한 연령대를 대상으로 충분한 표본수를 확보한 연구가 요구된다.

둘째, 본 연구에서는 집단 따돌림 방관자 행동과 관련된 개인내적 요인만을 중심으로 살펴보았다. 그러나 청소년의 행동에 영향을 미치는 부모의 양육태도나 가족특성 같은 주변 환경적 요인들과 교사와의 관계, 사회적 지지 및 집단 규범 같은 사회적 맥락의 차이를 고려할 때, 이러한 변인들을 함께 살펴보는 작업이 필요할 것으로 보인다.

셋째, 본 연구에서는 모두 자기보고식 평가도구를 통해 도출된 내용을 활용하였으나 주제의 특성상 사회적 바람직성에 따른 긍정적 편향 보고가 이루어졌을 가능성을 배제할 수 없으므로, 추후 연구에서는 이를 보완하기 위한 연구 방법이 추가될 필요가 있을 것으로 여겨진다.

피드백

연구 결과를 요약 제시하는 데 그치지 않고, 기존 선행 연구 결과들과 연결시켜 논리적으로 서술하였습니다.

이런 실수를 피하자!

앞서 언급했듯이, 논의는 결과 요약이 아닙니다. 논의 부분이야말로 연구자가 자신의 주장을 가장 효과적으로 어필할 수 있는 지면인데, 앞서 나온 연구 결과를 몇 문장으로 요약해서 반복 제시하고, 연구의 뻔한 제한점 등을 서술하면서 마무리하는 논문을 종종 보게 됩니다.

논의 부분에서 우선 확인해야 할 것은, 연구 문제의 예상과 동일하게 나온 결과입니다. 그런 결과에 대해서는 앞서 정리했던 이론적 배경과 연결하면서 결과의 타당성을 강조해야 합니다.

반면 예상과 다르게 나온 결과에 대해서도 꼭 언급해야 합니다. 기존 선행 연구에서는 어떠했고, 본인의 예상은 어떠했는데, 정작 결과는 다르게 나왔다, 그런데 이러한 결과는 이렇게 해석해 볼 수 있겠다고 충분히 고민한 흔적을 보여 주어야 합니다.

덧붙여서 연구를 진행하는 과정에서 새롭게 느낀 점이 무엇이고, 특이한 점에 대해서 꼼꼼하게 기록해 주면 후속 연구에 많은 도움이 됩니다. 그런 내용들이 어우러져 후속 연구를 위한 제안으로 연결되는 것이 좋습니다.

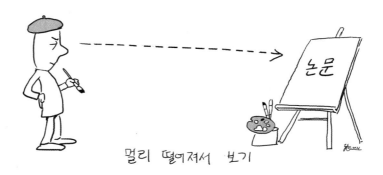

멀리 떨어져서 보기

12 | 논문 심사 준비하기

논문 심사 준비

논문 심사는 학교마다 학과마다 조금씩 상황이 다릅니다. 따라서 가장 일반적인 수준에서 말씀드리겠습니다.

먼저 논문 심사에서 가장 어려운 점은 교수님들과 심사 일정 시간을 잡는 것입니다. 특히 박사과정의 경우, 보통 5명 이상의 심사위원들의 학기말 일정을 조정해야 하므로 만만한 일이 아닙니다. 미리 미리 하시기 바랍니다.

심사 일정이 잡혔으면 논문 원고는 최소한 심사 1주일 전에 이메일 또는 인쇄본으로 전달해 드리는 것이 좋습니다. 이메일과 인쇄본 중에서 선택은 학과별, 교수별 차이가 있기에 확인해 보셔야 합니다. 이때 논문의 오탈자를 강박적으로 체크해 주시기 바랍니다. 오탈자가 많은, 형식에서 허술한 원고는 내용과 상관없이 신뢰를 급속히 떨어뜨립니다.

심사 당일

논문 원고와 별도로, 본인이 발표할 핸드아웃은 따로 만드는 것이 좋습니다. 기왕이면 가장 간단하게 요약해서, 줄이고 또 줄였을 때의 최종 메시지가 무엇인지를 분명하게 전달하는 것입니다. 연구 결과를 제시하는 것도 필요하지만, 연구 목적을 설득력 있게 발표하는 것이 중요합니다. 심사위원들이 궁금한 것은 "당신이 이 연구를 왜 했는지"입니다.

길어도 1시간 정도면 끝날 것입니다. 너무 긴장하지 마시기 바랍니다. 심사위원들은 당신의 우군입니다. 심사 장면에서 나온 여러 가지 의견을 상세히 메모하고, 하루이틀 안에 심사위원님들께 이메일로 보내드려서 본인이 이해한 것과 피드백해 주신 내용이 맞는지 확인하는 것이 좋습니다. 그리고 그 내용을 이후 다음 심사에서 '수정 대조표'로 사용합니다.

사소한 것이지만, 심사 시작할 때 "미흡하지만, 많이 부족하지만" 류의 표현을 쓰지 않는 것이 좋습니다. 별로 도움이 되지 않습니다. 그리고 정말 그렇게 생각한다면, 이번 학기에 졸업을 안 하면 됩니다. 그것이 아니라면 그런 멘트는 불필요합니다. 죽이 되건 밥이 되건 이제 고독하게 그 장면에 맞서야 하는 것입니다. 겸손의 표현이 심사의 분위기를 바꾸지는 않습니다.

이제 마지막 Sample입니다. 앞서 10번의 퍼즐 조각들이 모였습니다. 한번 차분히 읽어 보면서, 그동안 이야기했던 내용들을 복기(復碁)해 보시기 바랍니다. 작은 일이라도 처음부터 끝까지 전 과정을 경험해 보아야만 내 것이 됩니다. 손에 잡힙니다.

Sample 11   **최종 보고서**

집단 따돌림 현상에서 방관자 집단의 개인적 특성에 관한 연구
: 성별, 내적 통제성 및 불안을 중심으로

류혜진
서울여자대학교 특수치료전문대학원

본 연구는 청소년의 집단 따돌림 방관자 행동과 관련된 개인 내적 요인에 관심을 가지고, 고등학교 1학년 학생의 성별, 내적 통제성 및 불안이 집단 따돌림 방관자 행동에 어떠한 영향을 미치는지 알아보고자 하였다. 이를 위해 경기도 소재 고등학교에 재학 중인 1학년 84명(남학생 21명, 여학생 63명)을 대상으로, 김현주(2003)가 개발한 집단 따돌림 동조 집단 유형화 척도를 활용하여 방관자 집단을 구분하였으며, Nowicki와 Strickland(1973)의 아동용 통제소재 척도(A Locus of Control Scale For Children)와 Wellborn, Connell과 Skinner(1989)의 학생용 통제력 지각 질문지(The Student Perceptions of Control Questionnaire: SPOCQ)를 바탕으로 민하영(1999)이 제작한 내외 통제소재 척도와 최진숙과 조수철(1990)의 '개정판 아동발현불안척도(RCMAS)'를 사용하여 내적 통제성 및 불안을 측정하였다. 본 연구의 결과를 요약하면 다음과 같다. 첫째, 연구 변인들의 일반적 경향에 대한 성차를 살펴 본 결과, 성별에 따라 집단 따돌림 방관자 행동에 차이가 있는 것으로 나타났다. 즉, 남학생보다 여학생이 방관자 행동을 더 많이 보이는 것으로 나타났다. 둘째, 집단 따돌림 방관자 행동에 영향을 미치는 변인을 확인한 결과, 성별과 불안이 방관자 행동을 유의하게 예측하는 변인인 것으로 나타났다. 즉, 불안이 높을수록, 남학생보다 여학생이 방관자 행동을 더 많이 보이는 것으로 나타났다. 마지막으로 본 연구의 제한점과 후속연구에 대해 논의하였다.

주요어 : 집단 따돌림 방관자 행동, 성별, 내적 통제성, 불안

서 론

학령기 아동·청소년들에게 있어 학교는 하루 중 대부분의 시간을 보내는 중요한 공간이다. 이들은 이곳에서 다양한 경험을 쌓고 사회적 관계를 형성해 나가며 성장한다. 특히 이 시기에 경험하는 또래관계는 아동의 정체감 형성과 긍정적인 발달의 토대가 될 수 있다는 점에서 매우 중요한 요소이다(Shaffer, 2009; 신은경·강민주, 2014, 재인용). 이들에게 있어 또래집단과의 친밀한 관계형성은 단순히 부모나 가족을 벗어난 대인관계의 양적 확장만을 의미하는 것이 아니라, 그 안에서 경험하는 또래들의 지지와 수용을 통해 심리적·정서적 안정감과 자존감을 키워나갈 수 있도록 자극하는 요인이 될 수 있다. 하지만 또래관계의 영향력이 그 어느 때보다 강력한 이 시기에 경험하는 괴롭힘과 집단 따돌림 같은 부정적인 또래관계는 이들의 사회적 부적응을 유발시키

는 원인이 될 수 있으며, 나아가 개인의 정서적·인지적 발달에도 장애를 초래할 수 있다는 점에서 주목할 필요가 있다.

이와 관련하여, 최근 들어 집단 따돌림의 문제가 개인적 차원을 넘어서 사회의 중요한 문제로 대두되고 있다. 사실 집단 따돌림 현상이 최근에서야 생긴 현대사회의 새로운 산물은 아니다. 이전부터 집단 따돌림 현상은 공공연하게 존재해 왔다. 하지만 이러한 문제가 최근에 더욱 사회적 이슈가 되는 것은 발생의 빈도가 증가했을 뿐 아니라, 가학의 수준이 더욱 잔인해짐에 따라 그 피해가 더욱 심각하게 드러났기 때문인 것으로 여겨진다. 특히 학령기 아동·청소년들이 경험하는 집단 따돌림 현상은 학령기 시절에 경험하는 인간관계 특성이 각자의 인성 형성 뿐 아니라 인생의 전 과정에 중요한 영향을 미칠 수 있다는 점을 감안할 때, 더욱 시급하게 해결되어야 하는 문제로 다루어야 할 필요가 있다.

과거 집단 따돌림에 관련한 연구들은 대부분 피해자와 가해자의 개인적 특성을 중심으로 논의되어 왔다(김혜원·이해경, 2000; 서은영, 2001; 신재선, 2001; 이민아, 1999; 한영주, 1999). 집단 따돌림에 대한 우리 사회의 통념들만 살펴보아도 집단 따돌림 문제를 주로 피해자나 가해자 변인에 초점을 맞추어 해석해 왔음을 쉽게 이해할 수 있다. 하지만 피해자의 경우 문제가 될 만한 소지를 가지고 있었을 것이고, 가해자는 인성 자체가 문제라는 식으로 집단 따돌림 발생의 원인을 그들에게 대부분 전가시키는 기존의 해석 방식은 따돌림 현상이 '집단적' 맥락에서 발생하는 '사회적' 현상(류경희, 2006)이라는 점을 고려할 때 집단 따돌림에 대한 다소 부족한 이해를 끌어낼 소지가 있었다.

사실 따돌림 장면에서 피해자와 가해자만 출연하는 것은 아니다. 우리는 소수의 피해자와 가해자 외에 그 장면에 함께하는 또 다른 제3의 집단이 존재한다는 점에 주목할 필요가 있다. 소위 '주변인' 또는 '방관자'라고 불리는 이 집단은 집단 따돌림 상황에서 매우 영향력 있는 변수가 될 수 있다. 방관자는 집단 따돌림에 적극 동참하지는 않지만 이러한 상황을 묵인하고 암묵적으로 동조함으로써 간접적으로 집단 따돌림 현상을 조장할 수 있다. 다시 말해, 따돌림 장면에서 피해자와 가해자를 제외하고 다수를 차지하고 있는 다른 급우들의 집단 따돌림에 대한 태도가 집단 따돌림이 유지될지, 감소될지를 결정짓는 데 결정적인 역할을 담당할 수 있다는 것이다. 이들이 따돌림에 부정적인 태도를 보인다면 가해자는 피해자를 따돌리는 것을 멈추게 될 수 있지만, 급우들이 가해 학생에게 아무런 제재를 가하지 않는다면 결과적으로 따돌림을 강화하게 되므로 집단 따돌림에서 또래 집단의 이러한 방관적 태도는 집단 따돌림의 피해와 가해 정도에 무시할 수 없는 영향력을 발휘하게 된다.

이처럼 집단 따돌림 상황에서 가장 높은 비율을 차지하는 방관자들의 따돌림 동조 태도가 집단 따돌림의 위험요인이자 보호요인이 될 수 있다는 점에서 이들의 행동을 탐색하고 이해하려는 시도는 집단 따돌림 현상을 보다 깊게 이해하는 데 필수적인 과정이다. 또한 집단 따돌림에서의 방관자 집단이 보이는 동조행동에 영향을 미치는 개인적 특성을 밝히는 것은 집단 따돌림의 예방 및 해결에 중요한 기초자료를 제공할 수 있다는 점에서 의미가 있을 것으로 여겨진다. 따라서 본 연구는 집단 따돌림 현상에서 방관자 역할을 하는 아동·청소년 집단의 행동 변화를 이끌어낼 수 있는 개인적 특성에 대해 탐색해 보고자 한다.

이론적 배경

집단 따돌림에서 방관자 역할의 개념

집단 따돌림에 관한 초기의 선행 연구들은 가해자와 피해자에 초점을 맞추어 그들의 개인적 특성에 대해 탐색하거나 가해자와 피해자를 대상으로 한 중재 프로그램과 관련된 연구들이 주를 이루어 왔다. 그러나 1990년대부터 집단 따돌림을 가해자와 피해자 간의 관계 뿐 아니라 사회적 관계를 기반으로 한 집단적 특성을 지닌 현상(Lagerspertz, Björkqvist, Berts, & King, 1982)으로 보는 접근이 강조되었고, 이후 많은 연구를 통해 주변 또래의 행동이나 태도가 집단 따돌림의 지속 여부에 영향을 미치고 피해자의 추후 또래관계 적응과 관련이 있는 것으로 보고되면서 (Pozzoli & Gini, 2013; 신은경 · 강민주, 2014, 재인용) 집단 따돌림 현상에서 주변인의 역할이 더욱 강조되고 있는 추세이다.

이와 관련하여 집단 따돌림을 집단 내 동조현상으로 이해한 여러 연구들(권재기, 2014; 김현주, 2003)에서는 집단 따돌림을 가해자와 피해자 간에 일어난 갈등이 아니라 학급 내 권력 관계와 집단화에 의해 만들어진 규범과 동조 현상에 따른 결과물(권재기, 2014)로 보고 이러한 현상을 통해 나타나는 다양한 역할자를 탐색하고 유형화하려는 시도를 계속해왔다. 예컨대, Salmivalli, Lagerspetz, Björkqvist, Osterman과 Kaukiainen(1996)은 집단 따돌림 상황에서 가해자와 피해자 외의 다수의 학생집단을 동조자(assistants), 강화자(reinforcers), 방어자(defenders), 방관자(outsiders)의 4가지로 나누어 참여자 역할을 세분화하였다. 국내에서는 김현주(2003)가 가해자와 피해자를 제외한 집단의 대다수 학생들을 동조집단이라고 정의하고, 가해자 동조, 피해자 동조, 방관자 집단으로 동조집단을 유형화하여 각 집단의 특성을 탐색하였다.

　이처럼 가해자와 피해자를 제외한 학생들을 보통 크게 방관자 또는 주변인이라고 명명하지만, 이 집단을 자세히 살펴보면 소극적 방관자부터 적극적 동조자까지 다양한 유형으로 세분화될 수 있음을 알 수 있다. 특히 집단 따돌림의 동조 행동에서 가장 높은 비율을 차지하는 방관자 행동은 가해자에게는 자신들의 따돌림 행위를 인정하는 것으로 받아들이게 하며, 피해자들에게는 따돌림 행위에 공모한 것으로 해석될 수 있다(신은경 외, 2014)는 점에서 집단 따돌림과 실제적인 관련이 있을 수 있으며(Whitney & Smith, 1993), 그 존재 자체로 따돌림에 동조, 유지하는 역할을 하는 중요한 의미를 지니고 있는 집단으로 간주될 수 있다.

집단 따돌림에서 방관자 역할에 영향을 미치는 개인적 변인
집단 따돌림 참여자 역할과 관련된 학생 개인의 특성으로서 성별은 주요 변인으로 지적되어 왔다(Abada et al., 2008; Kaltiala-Heino et al., 2010; Malcolm et al., 2006; Pellegrini & Long, 2002; 유계숙, 이승출, 이혜미, 2013, 재인용). 일반적으로 남학생들은 집단 따돌림 상황에서 강화자나 동조자 역할을 더 많이 하는 반면, 여학생들은 방관자나 방어자 역할을 더 많이 하는 경향이 있다고 보고되고 있으나(Salmivalli et al., 1996), 집단 따돌림 참여자 역할 수준에서 성차가 없다는 연구 결과도 있으므로(신나민, 2012) 이에 대한 일관성을 단정 지을 수는 없다. 집단 따돌림 동조 행동의 성차를 살펴본 연구들의 경우에도 대부분 가해자 동조 집단은 남아의 비율이 높고 방관자 및 피해자 방어집단은 여아의 비율이 높았다는 연구가 주를 이루었지만(Menesini & Camodeca, 2008), 집단 따돌림 동조 행동에서의 성차가 유의하지 않은 연구도 보고되었다(Barboza, Schiamberg, Oehmke,

Korzeniewski, Post, & Heraux, 2009). 이처럼 집단 따돌림의 성차에 대한 비일관적인 결과와 남녀의 다른 또래문화 및 사회화 과정의 차이를 고려해볼 때, 성별이 집단 따돌림 방관자 행동에 영향을 미치는지에 대해 살펴볼 필요성이 제기된다.

한편, 서성식(1999)의 연구에서 따돌림 당하는 아이에 대한 느낌에 대한 질문에 '나도 따돌림 당할까봐 불안한 마음이 든다'가 26.4%로 가장 높게 나타났으며, 국내 초·중·고등학생 5,530명을 대상으로 실시한 실태조사에서는 괴롭힘을 방관한 이유 중 '다음 피해자가 될지 모른다는 두려움'이 30.6%로 가장 높은 비율을 나타냈다(청소년폭력예방재단, 2012). 이는 집단 따돌림 상황에서 자신도 따돌림 당할지 모른다는 과도한 불안감이 방관자 행동과 태도를 취하게 할 수 있다는 점을 시사하는 바, 방관자 집단의 불안수준에 대하여 탐색해 보는 작업이 필요할 것으로 여겨진다.

'내적 통제성'은 자신에게 일어나는 일을 우연이나 타인의 탓으로 돌리지 않고 자신의 통제 하에 있다고 믿는 신념을 의미하는 것으로(Rotter, 1990), 자신의 행동과 이에 따르는 결과간의 지각과 관련되어 있어 개인의 적응, 대인관계, 동기 등 행동 전반에 영향을 미치는 변인이라고 할 수 있다(신은경 외, 2014). 집단 따돌림과 내적 통제성간의 관계를 살펴본 선행 연구들에 의하면, 내적 통제성은 따돌림 행동과 관련이 있는 것으로 나타났다(Karatzias, Power, & Swanson, 2002; 성지희·정문자, 2007). 가령 중학생들의 방관적 태도를 살펴본 연구(이상균, 2000)에서는 집단 따돌림의 원인을 피해자에게 돌릴수록 더욱 방관적 태도를 보이는 것으로 나타났으며, 집단 따돌림에 개입하지 않으려고 하는 아동들은 집단 따돌림 상황에 대해 가해자 및 피해자 탓을 하거나 어쩔 수 없는 상황 탓을 하는 경향을 보인다고 보고된 바 있다(한준상, 2002). 이처럼 내적 통제성이 낮은 아동은 사건의 원인에 대하여 내적으로 추론하는 경향이 약하기 때문에, 집단 따돌림이 가해자에 의해 발생되는 사건이며 자신이 통제할 수 없는 상황이라고 인식할 수 있다. 이러한 환경통제 및 자신의 문제해결력에 대한 낮은 믿음은 자신 또한 제2의 피해자가 될 수 있다는 두려움을 유발하여 집단 따돌림의 부당함을 보면서도 이를 방관하는 행동을 취하게 하는 것으로 추측해 볼 수 있다. 방관자적 행동의 이유가 가해자의 다음 공격 대상이 될 수 있다는 두려움이라는 조사 결과(청소년폭력예방재단, 2012)를 통해서도 방관 행동과 낮은 내적 통제성간의 관련성이 시사되는 바, 이에 대한 탐색이 필요할 것으로 여겨진다.

방 법

연구 대상

본 연구는 경기도 소재의 D 고등학교에 재학 중인 1학년 84명(남학생 21명, 여학생 63명)을 대상으로 총 3학급을 선정하여 설문을 진행하였다.

측정 도구

동조 행동 척도

청소년의 집단 따돌림 방관자 행동을 구분하기 위하여 김현주(2003)가 개발한 집단 따돌림 동조 집단 유형화 척도를 사용하였다. 본 척도는 가해자 동조, 피해자 동조, 방관자의 세 가지 하위요인으로 분류되며, 가해자 동조 20문항, 피해자 동조 20문항, 방관자 19문항의 총 59문항으로 구성된 자기보고식 척도이다. 가해자 동조 문항의 예로는 '따돌림 당하는 아이에게 아무 이유

없이 시비를 건다', 애들이 하는 대로 똑같이 따돌림 당하는 아이를 놀린다' 등이 있으며 피해자 동조 문항은 '따돌림 당하는 아이를 도와주려고 노력한다', '따돌림은 옳지 못하다고 생각한다' 등이 있다. 또한 방관자 문항은 '따돌림 장면을 보아도 평소대로 행동 한다', '따돌림 장면을 보고도 그냥 지나친다' 등이 있다. 본 척도는 '전혀 그렇지 않다(1점)'에서 '매우 그렇다(4점)'까지의 4점 Likert 척도로, 점수가 높을수록 각 하위 요인에 해당하는 동조 행동을 많이 보이는 것을 의미한다. 본 연구에서 나타난 하위 요인별 내적 합치도 계수 Cronbach's α는 가해자 동조 .92, 피해자 동조 .90, 방관자 .89이었다.

불안척도

불안변인 측정을 위해 Reynolds와 Richmond(1978)가 개발한 Revised Child Manifest Anxiety Scale(RCMAS)을 최진숙과 조수철(1990)이 번안한 '개정판 아동발현불안척도'를 사용하였다. RCMAS는 초등학교 1학년부터 고등학생까지 실시할 수 있는 총 37문항의 자기보고형 검사로, 9개의 허구문항과 28개의 불안문항으로 구성되어 있다. 본 척도는 '예', '아니오'의 2점 척도로 평정하도록 되어 있으며 점수가 높을수록 불안의 정도가 심한 것으로 해석된다. 본 연구에서는 RCMAS의 총 37문항 중 9개의 허구문항이 전체 불안과 낮은 상관성을 보였다는 이전 연구 결과(김진희, 2010)를 반영하여 허구문항 9개를 제외한 28개의 문항만을 척도에 포함하여 활용하였다. 본 연구에서 나타난 RCMAS의 내적 합치도 계수 Cronbach's α는 .77이었다.

내적통제성 척도

대상자의 내적 통제성 측정은 Nowicki와 Strickland(1973)의 아동용 통제소재 척도(A Locus of Control Scale For Children)와 Wellborn, Connell과 Skinner(1989)의 학생용 통제력 지각 질문지(The Student Perceptions of Control Questionnaire: SPOCQ)를 바탕으로 민하영(1999)이 제작한 내외 통제소재 척도를 사용하였다. 본 척도는 내적 통제소재와 외적 통제소재의 두 가지 하위요인으로 구성되며, 총 20문항으로 이루어진 자기보고식 척도이다. 내적 통제소재 문항의 예로는 '누구라도 열심히 노력하면 자기가 원하는 대로 될 수 있다', '학교생활을 잘하는 것은 내가 어떻게 행동하느냐에 달려 있다' 등이 있으며, 외적 통제소재 문항의 예로는 '무슨 일이 잘못되었을 때, 그것을 바로잡기 위해 내가 할 수 있는 일은 거의 없다', '내 친구 중 누군가가 나를 미워한다면 그 친구의 마음을 바꿀 방법은 거의 없다' 등이 있다. 각 문항의 응답방식은 '전혀 그렇지 않다(1점)'에서 '매우 그렇다(4점)'까지의 4점 Likert 척도로, 전체 문항의 점수가 높을수록 내적 통제 성향이 높은 것을 의미하도록 하였다. 본 척도의 하위요인인 내·외 통제소재를 연속적인 단일 차원으로 구성하기 위하여 외적 통제소재 문항들을 역채점하였으며, 본 연구에서 나타난 내적 통제성의 내적 합치도 계수 Cronbach's α는 .73이었다.

분석 방법

수집된 자료의 전반적인 기술통계량은 SPSS 18.0 프로그램을 사용하여 다음과 같이 분석하였다. 첫째, 집단 따돌림 방관자 행동, 내적 통제성, 불안에 대한 일반적인 경향을 알아보기 위하여 각 측정 변인 별로 평균과 표준편차를 산출하였고, 성별에 따른 측정 변인들의 차이를 알아보기 위하여 t 검증을 실시하였다. 둘째, 집단 따돌림 방관자 행동에 대한 성별, 내적 통제성 및 불안의 설명력을 알아보기 위하여 중다회귀분석을 실시하였다.

결 과

성별에 따른 측정 변인의 차이

구체적 연구문제의 분석에 들어가기에 앞서 연구변인들에 대한 일반적인 경향을 살펴보고자 본 연구 대상 청소년의 집단 따돌림 방관자 행동, 내적 통제성, 불안에 대한 평균과 표준편차 및 성별에 따른 차이를 살펴보았다. 그 결과, 방관자 행동은 남학생이 2.24점, 여학생이 2.47점을 보이며 성별에 따른 유의한 차이를 보였다(t = -2.406, p < .05). 한편, 내적 통제성은 남녀 각각 2.59점과 2.61점의 문항 평균 점수를 보였으며, 성별에 따른 차이는 나타나지 않았다. 불안의 경우에도 남녀 두 집단 간 점수에 성별에 따른 차이를 보이지 않는 것으로 나타났다.

〈표 1〉 성별에 따른 측정 변인들의 평균, 표준편차 및 t 검증 결과 (N = 84)

구분	남(n=21)	여(n=63)	t	p
	평균(표준편차)			
방관자 행동	2.24(.42)	2.47(.37)	-2.406	.018*
내적통제성	2.59(.27)	2.61(.26)	-.237	.813
불안	.42(.24)	.41(.21)	.099	.921

*p<.05

성별, 내적 통제성 및 불안이 집단 따돌림 방관자 행동에 미치는 영향

청소년의 성별, 내적 통제성 및 불안이 집단 따돌림 방관자 행동에 미치는 영향력을 파악하기 위하여 방관자 행동을 종속변인으로 한 중다회귀모형을 분석하였다. 그 결과, 성별, 내적 통제성 및 불안을 독립변인으로 한 회귀모형이 통계적으로 유의하였으며($F = 4.727, p < .05$), 공차한계는 1.0에 가까운 것으로 나타나 독립변인 간의 다중공선성에는 문제가 없음을 확인하였다. 구체적으로 살펴보면, 독립변인 중 내적통제성을 제외한 성별과 불안이 방관자 행동을 예측하는 유의한 변인으로 나타났다. 즉, 불안이 높을수록, 남학생보다 여학생이 방관자 행동을 더 많이 보이는 것으로 나타났다.

〈표 2〉 방관자 행동에 대한 성별, 내적 통제성 및 불안의 중다회귀분석 결과

종속변인	독립변인	표준오차	β	t	p
방관자 행동	상수	.411	–	6.070	.000
	성별[a]	.094	.263	2.550	.013
	내적통제성	.155	-.118	-1.146	.255
	불안	.182	.275	2.658	.009
	$R = .388, R^2 = .151$, 수정된 $R^2 = .119$, $F = 4.727, p = .004$, Durbin-Watson = 1.912				

a. 남성=0, 여성=1로 코딩하였음.

논 의

본 연구는 청소년의 집단 따돌림 방관자 행동과 관련된 개인 내적 요인에 관심을 가지고, 고등학교 1학년 학생을 대상으로 성별, 내적 통제성 및 불안이 집단 따돌림 방관자 행동에 어떠한 영향을 미치는지 알아보고자 하였다. 연구 결과를 토대로 한 논의는 다음과 같다.

첫째, 성별에 따라 집단 따돌림 방관자 행동에 차이가 있는 것으로 나타났다. 남학생보다 여학생이 집단 따돌림에 대해 방관하는 행동을 더 많이 보인 본 연구의 결과는 남학생에 비해 여학생이 피해자 동조 행동과 방관자 행동을 더욱 많이 보이며,

피해자 동조와 방관자 집단에 여학생이 많다는 이전의 선행 연구 결과(엄명용, 송민경, 2011; 서미정, 2008; Menesini et al., 2008; Salmivalli et al. 1996)와 일치하는 것으로, 이는 남녀에 따른 또래 문화 특성의 차이에서 기인한 것으로 보인다. 즉, 여학생은 남학생에 비해 또래 집단의 규모가 작고(Mouttapa, Valente, Gallaher, Rohrbach, & Unger, 2004), 친소여부에 따라 정서적 결속력과 사적인 부분에 관여하는 정도가 다르기 때문에(Maccoby, 2002), 집단 따돌림 상황에서 특정행동을 취할 때 피해자와의 친밀감 정도가 동조 행동에 영향을 미칠 것으로 예상된다. 또한 여학생은 남학생보다 또래집단의 문화에 더욱 많은 영향을 받고 또래들의 규범에 순응한다(Salmivalli & Voetem, 2004)는 결과를 고려할 때, 이러한 특성이 집단 따돌림 상황에서의 방관행동과 관련이 있을 것으로 여겨진다. 실제 최기원(2012)의 연구에서는 학급 또래들이 피해자 방어행동을 지지한다고 지각할수록 여학생들이 남학생들에 비해 피해자 방어행동을 더욱 많이 보였다. 이는 여학생이 남학생에 비해 학급 내 맥락에 더 많은 영향을 받는 것을 의미하며, 또래관계에 민감한 여학생의 특성이 잘못된 또래규범에 대응하기보다는 회피하고 방관하는 행동으로 이어질 가능성이 시사된다. 이와 같이 청소년들이 성별에 따라 다른 사회적 행동을 보인다는 점을 고려할 때, 성차를 반영한 집단 따돌림 예방 및 감소프로그램의 개발이 필요할 것으로 사료된다.

둘째, 불안이 높을수록 집단 따돌림에 대해 방관하는 행동을 더 많이 보이는 것으로 나타났다. 이는 집단 따돌림 상황에서 피해학생과 어울리게 됨으로써 자신의 지위를 상실하거나 또는 자신도 피해를 입게 될까봐 또래폭력을 방관하거나 암묵적으로 묵인하는 태도를 보일 수 있다는 이전의 연구 결과(Batsche & Knoff, 1994)와 관련이 있을 것으로 여겨진다. 즉, 집단 따돌림에서의 방관자 행동이 자신도 따돌림 받을지도 모른다는 과도한 불안감으로 인해 자기 방어적으로 따돌림 상황에 무관심하게 개입하지 않으려는 태도에서 기인했을 가능성이 시사된다. 이와 같이 불안이 집단 따돌림 방관자 행동에서 유의한 영향을 끼치는 변인으로 나타난 바, 방관자 행동 감소 프로그램의 적용에 있어 이들이 갖고 있는 불안을 잘 이해하고, 불안을 적절하게 다루고 관리할 수 있도록 도울 수 있는 개입이 필요할 것으로 여겨진다.

본 연구의 한계점과 향후 연구방향에 관해 살펴보면 다음과 같다.

첫째, 본 연구는 경기지역의 일부 고등학교 1학년 학생에 한해 표집이 이루어졌고 표본의 수가 충분하지 않기 때문에 본 연구 결과를 일반화하는 데에는 제한이 있을 것으로 여겨진다. 이후 연구에서는 보다 넓은 지역대의 다양한 연령대를 대상으로 충분한 표본수를 확보한 연구가 요구된다.

둘째, 본 연구에서는 집단 따돌림 방관자 행동과 관련된 개인 내적 요인만을 중심으로 살펴보았다. 그러나 청소년의 행동에 영향을 미치는 부모의 양육태도나 가족특성 같은 주변 환경적 요인들과 교사와의 관계, 사회적지지 및 집단 규범 같은 사회적 맥락의 차이를 고려할 때, 집단 따돌림에서의 방관자 행동에 대한 보다 총체적인 이해를 위해서는 이러한 변인들을 함께 살펴보는 작업이 필요할 것으로 보인다.

셋째, 본 연구에서는 모두 자기보고식 평가도구를 통해 도출된 내용을 활용하였으나 주제의 특성상 사회적 바람직성에 따른 긍정적 편향 보고가 이루어졌을 가능성을 배제할 수 없으므로, 추후 연구에서는 이를 보완하기 위한 연구 방법이 추가될 필요가 있을 것으로 여겨진다.

참 고 문 헌

권재기 (2014). 초등학생의 집단 따돌림 역할자 분석: 잠재프로파일 탐색, 특성 예측 및 종단적 변화 양상 분석. 아동복지학, 45, 191-227.

김현주 (2003). 집단 따돌림에서의 동조 집단 유형화 연구. 청소년복지연구, 5(2), 103-118.

김혜원, 이해경 (2000). 학생들의 집단괴롭힘 관련 경험에 대한 예언 변인들의 탐색. 교육심리연구, 14(1), 45-64.

류경희 (2006). 청소년 집단 따돌림에서 동조 행동의 영향 변인. 대한가정학회지, 44(12), 139-154.

민하영 (2002). 학령기 아동의 내외통제소재 및 또래-소외 상황에서의 대처 행동과 외로움. 아동학회지, 23(3), 51-63.

서미정 (2008). 방관자의 집단 특성에 따른 또래괴롭힘 참여 역할행동. 아동학회지, 29(5), 79-95.

서성식 (1999). 중등학교 학생들의 집단 따돌림에 관한 조사연구. 원광대학교 석사학위논문.

서은영 (2001). 집단 따돌림 하위유형과 심리적 특성의 관계. 중앙대학교 석사학위논문.

성지희, 정문자 (2007). 학교폭력 피해아동의 학교적응과 보호요인. 아동학회지, 28(5), 1-18.

신은경, 강민주 (2014). 학령 후기 아동의 성별, 내적 통제성 및 공감이 집단 따돌림 동조 행동에 미치는 영향. 청소년학연구, 21(5), 329-358.

엄명용, 송민경 (2011). 학교 내 청소년들의 권력관계 유형과 학교폭력 참여 역할 유형. 한국사회복지학, 63(1), 241-266.

유계숙, 이승출, 이혜미 (2013). 집단 따돌림 참여자 역할에 미치는 개인·가족·학교 관련변인. 한국가족관계학회지, 18(3), 63-89.

이민아 (1999). 초등학생의 집단괴롭힘 유형과 심리적 특성관계. 연세대학교 석사학위논문.

이상균 (2000). 청소년의 또래폭력 귀인양식과 도덕적 판단에 대한 삽화연구. 한국사회복지학, 42, 314-339.

이상미 (2008). 초등학생의 공감 및 자아 존중감 수준에 따른 집단 따돌림 동조유형의 차이 연구. 한국교육대학교 석사학위논문.

신나민 (2012). 청소년 또래 괴롭힘의 참여유형에 영향을 미치는 요인들: 공감 구인을 중심으로. 청소년복지연구, 14(4), 25-45.

신재선 (2001). 초등학생의 또래 괴롭힘 유형과 스트레스 대처행동에 관한 연구. 연세대학교 석사학위논문.

최기원 (2012). 남녀 중학생의 도덕적 정서와 또래괴롭힘 방어 및 방관행동의 관계:

지각된 학급규 준의 조절효과. 이화여자대학교 석사학위 청구논문.

최진숙, 조수철 (1990). 소아불안의 측정: RCMAS의 신뢰도와 타당도 검사. 신경정신과학회, 29(3), 291-702.

청소년폭력예방재단 (2012). 전국 학교폭력 실태조사 연구. 서울: 청소년폭력예방재단.

한영주 (1999). 중고등학교 집단 따돌림 가해자 및 피해자의 특성에 관한 연구. 이화여자대 학교 석사학위논문.

한준상 (2002). 집단 따돌림과 교육해체. 서울: 집문당.

Barboza, G. E., Schiamberg, L. B., Oehmke, J., Korzeniewski, S. J., Post, L. A., & Heraux, C. G. (2009). Individual characteristics and the multiple contexts of adolescent bullying: An ecological perspective. *Journal of Youth and Adolescence, 38*(1), 101-121.

Batsche, G. M., & Knoff, H. M. (1994). Bullies and their victims: Understanding a pervasive problem in the schools. *National Association of School Psychologists, 23*(2), 165.

Karatzias, A., Power, K. G., & Swanson, V. (2002). Bullying and victimisation in Scottich secondary school: Same or separate entities?. *Aggressive Behavior, 28*(1), 45-61.

Lagerspetz, K. M., Björkqvist, K., Berts, M., & King, E. (1982). Group aggression among school children in three schools. *Scandinavian Journal of Psychology, 23*(1), 45-52.

Maccoby, E. E. (2002). Gender and group process: A developmental perspective. *Current Directions in Psychological Science, 11*(2), 54-58.

Menesini, E., & Camodeca, M. (2008). Shame and guilt as behavior regulators: Relationship with bullying, victimization and prosocial behavior. *British Journal of Developmental Psychology, 26*(2), 183-196.

Mouttapa, M., Valente, T., Gallaher, P., Rohrbach, L. A., & Unger, J. B. (2004). Social network predictors of bullying and victimization. *Adolescence, 39*(154), 315-336.

Pozzoli, T., & Gini, G. (2013). Why do bystanders of bullying help or not? A multidimensional model. *Journal of Early Adolescence, 33*(3), 315-340.

Rotter, J. B. (1990). Internal versus external control reinforcement. *American Psychologist, 45*(4), 489-493.

Salmivalli, C., Lagerspetz, K., Björkqvist, K.., Osterman, K., & Kaukiainen, A. (1996). Bullying as a group process: Participant roles and their

relations to social status within the group. *Aggressive Behavior,*
22, 1-15.

Salmivalli, C., & Voeten, M. (2004). Connections between attitudes,
group norms, and behaviour in bullying situations. *International*
Journal of Behavioral Development, 28(3), 246-258.

Shaffer, D. R. (2009). *Social and Personality Development*(6th ed).
Belmont, CA: Wads worth.

Whitney, I., & Smith, P.K. (1993). A survey of the nature and extent of
bullying in junior / middle and secondary schools. *Educational*
Research, 35, 3-25.

이런 실수를 피하자!

여기까지 고생하면서 마치고 나면, 대학원생들이 한 학기 동안 과제들을 처음부터 다시 리뷰해 보고, 한 주 한 주 배워나가며 어떤 변화들이 있었고 아쉬운 점이 무엇인지 정리하는 시간을 가졌습니다. 그때 가장 많이 나왔던 언급들은 다음과 같습니다. 남 일이 아닙니다.

- 컨디션 조절, 관리가 중요하다.
- 에너지 비축이 정말 중요하다. 정신 차려야 할 때 차려야 하니까.

- 내가 정말로 알고자 하는 것에 대해 더 구체적일 필요가 있다.
- 나의 생각을 '연구화'하는 과정이 정말 어렵다.
- 내가 진짜 궁금하고 재밌어 하는 것을 해야겠다고 느꼈다.
- 연구 주제 선정 시 연구자의 관심과 잘 맞아야 끝까지 연구에 대한 흥미를 유지할 수 있다.

- 하나의 변인만 고정해서 생각하지 말자(여러 시도가 필요).

- 보편적인 현상을 바탕으로 연구를 진행하되, 미리 결론을 내리지 않도록 유의해야겠다.
- 설득력 있는 진술을 하기 위해서는 연구자 스스로가 먼저 그것에 대한 충분한 이해가 필요하다.

- 개인이 경험한 불만이나 감정에 휩싸인 문제 말고, 호기심에 초점을 둔 현상을 살피기(그래야만 각 전제끼리는 서로 대치되거나, 연구 결과가 예상치 못했던 것일 때 서로를 뒷받침해 줄 수도 있음).
- 내가 당연하다고 생각하는 것들이 다른 사람들은 그렇게 느끼지 않을 수도 있다.

- 현상에 대한 사전 인터뷰 중요성(통념/일반적 생각과 내 생각 차이 큼).
- 현상에 대한 전제들을 정리했을 때 내 응답과 남들 응답이 많이 달랐다(내가 우긴 결과는 나오지 않았다).
- 내가 진짜 증명하고 싶은 것은 무엇인지 알기(나만의 논문이 되지 않게 하기).

- 연구 결과 정리하고 나서, 다시 현상으로 돌아가서 내가 궁금했던 게 맞는지 확인하는 거 정말 중요하다.
- 논리의 비약으로 인해 기술하는 과정에서 전개의 누락(연결성에 더 주의할 것).
- 조작적 정의를 구체적으로 분명히 하는 것이 매우 중요하다.
- 데이터 수집 전에 어떤 데이터가 왜 필요한지 미리 생각하고 모으고 시작하기.

- 논문 형식에 대해 보다 민감할 필요가 있다.

- 논의 및 제언 부분에 더욱 힘주는 것이 필요하다(뒷부분에 정신줄 잡기).

- 다른 사람들이 쓴 논문들 많이 읽기.

- 해 보는 것과 아닌 것의 차이가 많이 난다.

나오며 | 나는 성장했는가

이제 드디어 심사까지 마쳤습니다. 진심으로 고생 많으셨습니다. 이제 인생에서 또 한 칸 넘어간 것입니다. 하지만 무슨 일이든, 시작 못지않게 중요한 것이 마무리입니다.

먼저 본인의 논문을 가능한 한 관련 학회지에 투고해 보시기 바랍니다. 논문을 마치고 나면 긴장감이 풀려서 논문 투고를 미루게 됩니다. 한 학기 이상 미루면 결국 투고하지 않게 됩니다. 투고해서 게재되지 않아도 투고 자체만으로도 도움이 됩니다.

물론 논문을 투고하고 받게 되는 심사평을 보면 겨우 잊고 있던 악몽이 또 떠오를 것입니다. 언제나 피드백은 마음이 불편합니다. 하지만 피드백이 없으면 인간은 바뀌지 않습니다. 그리고 그런 피드백을 통해 내가 발전하고 학문이 발전하는 것입니다. "동료 연구자에 의한 날카롭고 무자비한 피드백에 의해서 학문이 발전"한다는 말도 있습니다.[8]

그리고 짬을 내서, 이화여자대학교 오욱환 교수님이 한국교육학회 뉴스레터에 2009년 9월 쓰신 "학문을 직업으로 삼으려는 젊은 학자들을 위하여"란 글을 읽어 보시기를 권합니다. 석박사과정을 마친 분들께 참으로 소중한 말씀들이 적혀 있습니다.

끝으로 본인의 연구에 대해서 (그 분야를 따로 전공하지 않은) 일반인에게 10분 안에 설명할 수 있는지 자문해 보시기 바랍니다. 전문 용어를 사용하지 않고 말입니다. 그렇게 말할 수 없다면, 아직까지도 내 연구라고 볼 수 없습니다.

현재에 안주하지 말고, 10년 동안만 한 해 한 해 조금만 더 나은 사람이 되려고 해 보시기 바랍니다. 그러면 전문가가 됩니다. 프로가 되어야 합니다. 프로는 (방법론적으로 말한다면) 평균은 높고, 변량(variance)은 작은 것입니다. 유명 맛집을 떠올려 보시면 쉽게 이해될 것입니다.

이제 책을 마무리하면서, 스스로에게 던져야 하는 질문이 있습니다.

나는 과연 이 연구를 통해서 성장했는가?

이 책의 처음에서 했던 핵심 질문은 "좋은 연구는 무엇인가?"였습니다. 이에 대한 대답은 "좋은 연구는 연구자 스스로가 자신에 대해서 많은 것을 느끼고 성장하게 해 주는 연구입니다."

성장하셨기를 기원합니다. 감사합니다.

8　만일 투고했는데, 완전하게 거절(심사위원 3인 모두 게재 불가 판정)되었다면 지도교수님께 감사하시기 바랍니다.

★ **질문 9** 연구를 하기 전에 비해, 스스로 가장 많이 느끼거나 변화된 부분이 있다면 무엇인가?

보론 1[1]	한국 사회의 인구 변화와 세대 문제

앞서 모든 연구는 현상에서 출발해야 한다고 반복적으로 강조했는데, 우리가 경험하는 현상들 중에서 가장 단순하면서도 영향력이 큰 것이 바로 인구통계입니다. 따라서 이에 대한 설명을 조금 추가하고자 합니다. 각자 자신의 연구 문제를 정리하는 과정에서 또 다른 힌트가 될 수도 있기 때문입니다.

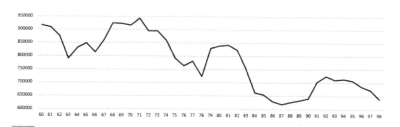

---

1   보론은 앞서 본문에서 다루지는 않았지만, 실제 대학원 수업 진행하면서 곁들여 설명했던 내용들입니다. 각자 자신의 연구 주제를 선정, 설계할 때 도움이 될 수 있을 것 같아 개정판에 추가했습니다.

앞의 그래프는 우리나라 인구의 출생연도별 분포입니다. 가로축이 출생연도(1960~1998년)이고, 세로축이 해당연도 인구수입니다. 여기서는 2018년 기준 통계청 자료를 사용했는데, 인터넷에서 구할 수 있는 자료들 중에서는 연도별 출생자 비교도 있습니다. 하지만 두 자료의 패턴은 거의 비슷합니다.

출생연도별 인구가 서로 다른 것은 비단 우리나라에만 국한되는 현상은 아니며, 선진국일수록 인구 감소 문제를 직면하고 있지만, 우리나라는 그 편차가 상당히 큰 편입니다. 역대 가장 많은 인구가 태어난 해는 1969년, 1970년, 1971년인데, 모두 한 해에 100만 명 넘게 태어났습니다. 그중에서도 최고는 1971년입니다. 그리고 점점 줄어들다가 1980년대 초반에 다시 오르고, 80년대 후반에 다시 떨어지는 양상입니다. 2020년에 태어난 인구는 30만 명이 안 되는 것으로 잠정 보고되었습니다.

최대 100만 명이 넘다가 최근에는 1/3 토막이 된 인구 분포의 극적 변화가 의미하는 바는 무엇일까요? 당연히 각종 정부 정책, 경제 문제, 부동산 문제 등에도 큰 영향을 주지만, 우리가 하는 연구에도 이 특징이 반영될 수밖에 없습니다. 심지어 특정 개인의 심리검사의 결과조차 그가 속한 사회의 인구통계의 맥락과 맞물려 있습니다.

자연스럽게 추론할 수 있는 점은 향후 우리나라에서 심리사회적 이슈는 아동·청소년기보다 중년·노년기에 초점이 갈 수밖에 없다는 것입니다. 왜? 이 연령대의 인구가 가장 많아졌으며, 경제적 능력을 갖춘 집단이기 때문입니다. 하지만 현재 우리나라의 시스템은 여전히 100만 명 출생 시대에 맞춰져 있습니다. 이러한 거시적 변화와 관련될 수 있는 개인 심리적 변화에 대해 자기만의 통찰을 고민해 보시기 바랍니다.

더군다나 우리나라의 경우 이러한 인구 변화가 세대 차이 문제와 맞물려 증폭되어 있습니다. 세대(generation)란 인생주기(각 연령대의 특징)와 그 출생동시집단(코호트, cohort)이 가진 심리사회적 경험의 조합입니다. 이를 통해 각 집단은 서로 다른 라이프스타일과 가치관을 가지게 되는 것입니다. 그런데 주목할 점은 가치관에 영향을 주는 심리사회적 경험이 연령이 증가함에 따라 지속적으로 축적되는 것이 아니라, 주로 20대의 정치, 사회, 문화, 심리적 경험에 의해 결정되고 이후 나이가 들어도 비교적 유지되는 경향성이 있다는 것입니다.

여기서 극적 상황이 발생합니다. 우리나라는 선진국이 150~200년 정도 걸려서 겪었던 각종 정치적, 경제적, 사회적 변화를 불과 30~40년 만에 겪었습니다. 앞서 20대의 경험이 가치관에 결정적이라고 했는데, 각 세대별로 경험했던 사회의 모습이 너무나 달랐기에 그러한 경험의 차이가 다른 나라에 비해서 세대 차이를 극적으로 만든 것입니다.

일례로 2021년 현재 우리나라의 1인당 국민소득은 30,000달러를 넘었고, 각종 국가별 지표에서도 200개국 중에서 10위권 전후에 위치한 것으로 보고되고 있습니다. 그런데 조금 시간을 거슬러 1995년의 1인당 국민소득은 지금의 1/3 수준인 11,600달러였습니다. 더 10년 거슬러 1985년에는 어느 정도였을까요? 믿어지지 않겠지만 2,450달러에 불과했고, 1975년에는 단지 650달러였습니다. 정말 후진국에서 선진국으로 상전벽해(桑田碧海)한 것입니다.

20대의 경험이 가치관을 만들고 그 이후에도 유지되고 있다면, 한국 사회의 70대 이상(1950년대생)은 우리나라를 여전히 1인당 국민소득 1,000달러 미만의 후진국으로 바라보고 있을 수 있다는 것입니다. 어떤 세대는 중진국으로, 어떤 세대는 선진국으로 우리를

인식한다는 의미입니다. (사실 선진
국 사람들은 자신들이 선진국인지 여부
에 대한 관심이 별로 없습니다.)

앞서 2장에서 각주로 소개한, 국
가별 세대 차이에 관한 국제 비교 연
구(Inglehart & Abramson, 1994)의
결과가 다음 도표입니다. 가로축은
출생연도 기준의 세대 집단이고, 세
로축은 물질주의 가치관 점수입니
다. 선진국들은 대부분 모든 세대들
의 결과가 비슷하게 위쪽에 있고, 후
진국들은 아래쪽에 있는데, 유독 우
리나라만 왼쪽 맨 아래에서 시작해
서 오른쪽 상단으로 가파르게 올라
가는 모습을 보이고 있습니다.

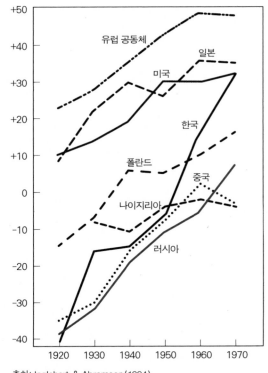

출처: Inglehart & Abramson(1994)

1994년 당시 연구자들은 보고서에서 "세대 사이의 가치관의
차이에서 가장 극적인 사례는 바로 한국이다. 1950년대의 빈곤과
기아의 수준에서 현재는 비교적 부유한 나라이다. (……) 물질주의
가치관의 전반적인 평균 측면에서는 여전히 낮은 편이지만, 한국의
젊은 세대들은 미국과 유사하다는 점을 고려해 볼 때, 향후 한국에
서 세대 사이의 가치관의 갈등이 주요한 사회 문제로 나타날 가능
성이 높다"고 언급한 바 있습니다.

다음 그림은 Inglehart와 Abramson(1994) 연구에 포함된 국
가들을 대상으로 세대별 가치관의 차이와 경제성장률을 시각화한
것입니다. 가로축은 1950년부터 1990년까지의 연평균 경제성장률
이고, 세로축은 그 나라의 각 세대별 가치관의 점수 차이입니다. 우

리나라가 어디 있는지 찾으셨나요?

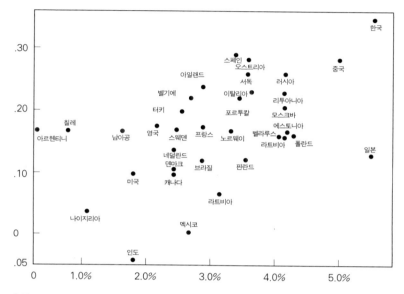

출처: Inglehart & Abramson(1994)

　　이러한 사실이 연구에 의미하는 바는, 만일 본인의 연구 주제
가 연령 효과나 세대 특성과 많이 관련된 것이라면, 그 연구 결과의
해석에서 주의해서 고려할 점이 많다는 것입니다. 이게 출생동시집
단 효과(cohort effect)입니다.

| 보론 2 | 사회화와 개별화의 시소게임 |

인생은 사회화(socialization)와 개별화(individualization)의 시소게임입니다. 사회화는 남들과 똑같아지는 것이고, 개별화는 남들과 달라지는 것입니다. 사회화는 경쟁이 불가피하기에 남들보다 빨리 잘하는 것이 핵심 목표라면, 개별화는 남들과 다른 당신만의 차별점을 발견하는 것이 중요합니다. 거칠게 말하자면 대학원 석사과정은 사회화가 조금 더 강조되고, 박사과정은 개별화에 초점이 있습니다.

사회화든 개별화든 결국 가장 중요한 것은 '나는 누구인가'라는 자기인식의 문제로 귀결됩니다. 앞서 본문의 마지막에서 "좋은 연구는 연구자 스스로가 자신에 대해서 많은 것을 느끼고 성장하게 해 주는 연구입니다."라고 마무리했습니다. 연구방법론을 설명하면서 난데없이 자기인식을 왜 말하나 싶을 텐데요. 학위논문을 진행하는 과정에서도 개인의 특성이 많이 반영될 수밖에 없습니다. 그게 연구와 무슨 상관이냐 싶겠지만 똑같은 주제라도 연구자에 따라 연구를 진행하는 방식이 다르고, 최종 정리된 논문 내용도 다르다는 점을 떠올린다면 이해할 수 있을 것입니다.

그런데 안타깝게도 심리학을 전공하는 대학원생조차 본인 스스로 자신의 강약점을 잘 모르는 경우가 참 많습니다.[2] 따라서 첫 번째는 자신에 대해 잘 아는 것(자기인식)입니다.

일반적으로 사람들은 자신의 강점과 약점이 드러나면, 강점은 당연히 잘하는 것이니까 넘어가고 약점을 보완하는 데 신경을 더 많이 쓰는 경향이 있습니다. 왜냐하면 내가 가진 약점마저 보완되면, 약점도 강점이 되고 원래 강점은 그대로 강점이니까, 말 그대로 슈퍼맨을 기대하는 것이지요. 이게 잘못된 생각은 아니지만 심리학자의 관점에서 볼 때 그런 일은 없습니다.

왜냐하면 자신의 강점과 약점은 (세상사 다 그러하듯이) 맞물려 있는 것이기 때문입니다. 예를 들어, 미혼 여성들이 배우자감으로 선호하는 자상한 남자를 떠올려 보시죠. 혹시 자상한 남자들이 가지고 있는 예외 없는 단점을 아시나요? (남성 독자의 경우에 평소 본인이 자상하다는 평가를 많이 듣는다면 동시에 가장 많이 받는 지적이 무엇인지?)

자상한 남자들은 거의 예외 없이 '쫀쫀하고 잘 삐진다'는 공통점이 있습니다. 왜 그럴까요? 자상하다는 말은 다른 사람들은 미처 눈치를 못 채고 넘어가는 부분에 대해서도 섬세하게 알아채고 반

---

2   개인 강점을 알 수 있는 진단 검사는 많이 있는데, 긍정심리학 그룹의 Peterson 교수 연구팀이 만든 Value in Action 진단이 대표적입니다. 별도의 회원 가입이나 비용 없이 한글로 진단할 수 있는 서비스(www.viacharacter.org)도 있으니 확인해 보시기 바랍니다.

응한다는 것입니다. 헤어스타일이 조금 바뀌었는데 알아보고, 화장이나 의상에 대해서도 칭찬 한마디, 순간적으로 속상한 내 마음도 금방 알아보는 자상함! 그런데 그것이 긍정적인 맥락에서는 자상함이지만, 부정적인 모드에서는? 남들은 대수롭지 않게 넘어갈 수 있는 것에 대해서조차 자상한 남자들은 다 거슬리고 상처받고 반응합니다. 그런 모습이 여성 입장에서 볼 때는 너무 쫀쫀하거나 잘 삐지는 것으로 보일 수 있는 것입니다.[3]

두 번째는 본인의 강점을 분명히 알고, 연구를 자기답게 수행하는 것(강점활용)입니다. 혹자는 어떤 강점들을 가지고 있는 사람들이 연구를 더 잘하는지 물을 수도 있는데, 핵심은 어떤 연구든 어떻게 나의 강점을 잘 활용해서 수행할 수 있을지 입니다. 언제나 승부는 내 강점으로 하는 것입니다.

이 시점에서 반문하시는 분들이 있을 것입니다. "그럼 약점은 어떻게 하나요? 정말 고치고 싶은데, 그게 잘못인가요?" 본인이 잘하지 못하는 것을 개선하려는 태도는 지극히 좋고 바람직한 모습입니다. 그렇다면 약점을 어떻게 할 것인가?

첫째, 본인이 무엇을 잘 못하는지, 어디가 약점인지 정확히 알고 있어야 합니다. 그것조차 모르고 있는 상황이라면 갈 길이 아직 멉니다. 물론 본인의 약점이 무엇인지 알고 인정한다는 것이 그리 쉬운 일은 아닙니다. 용기가 필요하고, 자기 인생에 대한 자신감이 바탕이 될 경우에만 가능합니다.

---

3   그런데 만일 그 남자가 (현실적으로 가능하지도 않지만) 뼈를 깎는 고통을 통해 더 이상 쫀쫀하지 않게 되었다면 어떤 일이 일어날까요? 그 남자는 더 이상 자상한 사람이 아닐 것입니다. 따라서 자상한 남편을 원하는 여성들이 유념해야 하는 사실은 '자상함이라는 동전의 뒷면, 즉 쫀쫀함'을 동시에 수용해야 한다는 것입니다. 자상하면서도 삐지지 않는 남자는 없습니다. 고도의 연애 작업을 진행 중이거나, 치료를 요하는 환자 빼고는.

둘째, 자신의 약점이 무엇인지 알고 나서는 방치할 게 아니라 평균 수준까지는 끌어 올리려는 노력을 해야 합니다. 학창 시절을 떠올려 보면, 반평균이 70점인 과목에서 내가 50점이라면 노력해서 70점까지는 올려야 하는 것입니다. 그게 80점을 90점으로 바꾸는 것보다 훨씬 쉽습니다. 그래야 하는 이유는 너무 치명적인 약점이 계속될 경우 내가 가진 강점까지도 발목이 잡힐 수 있기 때문입니다. 예를 들어, 어떤 야구 선수가 타격을 정말 잘 한다는데 수비 실력이 동네 야구 수준밖에 되지 않는다면, 그 사람은 약점(수비 능력) 때문에 강점(타격 실력)을 발휘할 기회조차 얻지 못할 것입니다. 그러므로 자신이 가진 약점은 평균 수준까지는 맞춰야 합니다. 쪽 팔리지 않게.

셋째, 약점을 남들 눈에 띄지 않을 수준까지 올려놓은 상황에선, 앞서 말했듯이 철저하게 강점으로 승부해야 합니다. (자상한 남자 예에서 보았듯이) 약점을 거꾸로 자신의 강점으로 바꾼다는 것은 현실적으로 거의 불가능합니다. 내가 가진 강점을 정말 더 뛰어나게 계속 연마하는 것이야말로 핵심인데, 우리 동네에서 제일 잘하는 수준이 아니라, 동급 최강이 되어야 합니다.

넷째, 그래도 약점 부분이 계속 마음에 걸립니다. 그 문제는 내가 아닌 남을 통해 보완하는 것을 추천합니다. 내가 가진 약점을 오히려 본인의 강점으로 가지고 있는 사람이 주변에 분명히 있을 텐데, 그 사람을 찾아야 합니다. 보통 나와 반대 특성을 가지고 있는 사람은 왠지 불편하게 느껴지는 법입니다. 왜냐하면 나랑 정말 다르니까. 하지만 내가 성공하기 위한 핵심은 나와 정말 다른, 하지만 신뢰할 수 있는 사람이 주변에 있는지 여부인 것 같습니다.

참고문헌

성내경 (1997). 정보 시대 그리고 통계. 이화여자대학교 출판부.

한국심리학회 출판규정집제정 특별위원회 기획: 권석만, 남종호, 박영석, 박창호, 최윤미, 한규석 (2001). 학술논문 작성 및 출판 지침. 서울: 시그마프레스.

Eco, E. & Sebeok, T. A. (1983). *The Sign of Three: Dupin, Holmes, Peirce.* Indiana University Press.; 김주환, 한은경 역. (1994). 논리와 추리의 기호학. 인간사랑.

Gould, S. J. (1996). *Full House.* Crown Publishers.; 이명희 역 (2002). 풀하우스. 사이언스북스.

Inglehart, R. & Abramson, P. R. (1994). Economic Security and Value Change. *American Political Science Review, 88*(2), 336-354.

Moffitt, T. (1993). Adolescence-limited and life-course-persistent antisocial behavior: A developmental taxonomy. *Psychological Review, 100*(4), 674-701.

저자 소개

김도환

(연세대학교 심리학과 학사, 석사, 박사)

어찌어찌 하다 보니 여기까지 왔다. 기왕이면 재미있는 공부를 하고 싶어서 심리학과에 진학했다. 친한 친구 2명의 형이 공교롭게도 심리학 전공이었던 탓도 있었던 것 같다. 학부에서 4년 공부했지만 심리학에 대해 아는 것이 별로 없는 것 같아서 대학원에 진학했다. 군대 미루고 연애를 계속하려던 마음도 있었던 것 같다. 석사 논문 쓰고 졸업했지만, 제대로 된 논문 한번 써 보려고 박사과정에 진학했다. 어릴 적부터 회사 다닌다는 생각은 해 본 적이 없어서 그랬을 수도 있겠다.

원래 전공 영역은 발달심리학이었지만, 박사논문은 정치심리학으로 썼고, 대학에서 주로 강의하는 주제는 연구방법론과 심리통계학이다. 급변하는 한국 사회의 중년기 개인들의 인생과 변화에 관심이 많다. 현재는 트라이씨 심리경영연구소의 공동대표로 성인발달, 조직문화, 리더십 등 다양한 프로젝트를 하면서 살고 있다.

공군사관학교 교수부 심리학 전임강사(1997~1999), 중앙대학교 심리학과 겸임교수(2010~2013), 서울여자대학교 특수치료전문대학원 심리치료학과 겸임교수(2014~2019)를 지낸 바 있다.